北京鲁迅博物馆

Beijing Luxun Museum

带你走进博物馆

SERIES

北京鲁迅博物馆 编著

文物出版社

目　录　Contents

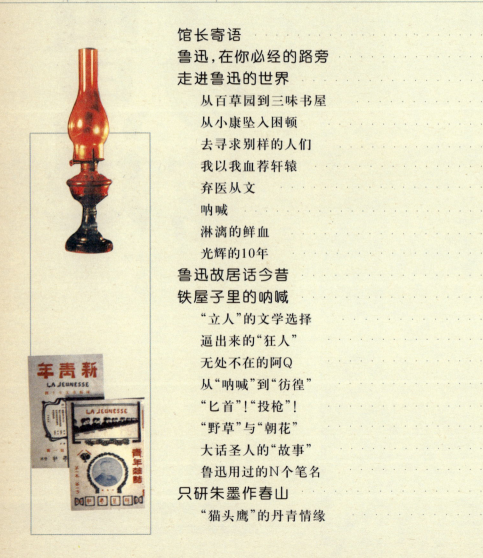

北京鲁迅博物馆

赠 言

　　未成年人将要承担中华民族伟大复兴的重任。关心未成年人的健康成长，关心他们的思想道德的建设是我们每个人的责任。各类博物馆不仅是展示我国和世界优秀历史文化的场所，也是未成年人学习知识、培养情操的第二课堂。

　　让这套丛书带你走进博物馆，让博物馆伴随你成长。

国家文物局局长　单霁翔
2004 年 12 月 9 日

馆长寄语

鲁迅在北京有四个居住地，只有阜成门内宫门口西三条21号的这一处受到了重视，现在已是博物馆了。颇有点讽刺意味的是，宫门口是明清时一个道观的旧址。鲁迅一生最讨厌道教，从没想到自己会选择在三清观旁边居住。1924年5月至1926年8月，鲁迅在此住了两年多，时间很短。但这是北京保存得最好的故居，由于变成了博物馆，当年的破败和冷清已经不见了。

在宫门口居住的那些日子，鲁迅经历了精神上最为困苦的一段时期，许多名篇也诞生于此。《野草》、《彷徨》里的奇篇，有着他精神深邃的闪光，而随笔《春末闲谈》、《灯下漫笔》也都是他重要的作品。我第一次造访这里时，很奇怪它的简朴和普通的旧京民居几乎没什么区别。但想到鲁迅当年在此苦苦著书的情形，不禁有些激动。我们熟知的许多作品都是在这里打磨而成，四合院里隐含的东西，实在是很多的。每年都有那么多人造访这里，大概意在亲近鲁迅，漫步于斯，是有着诸多体验的。

自1926年离开北京，直到1936年去世，鲁迅只回过这里两次。1947年鲁迅原配夫人朱安病逝，中共地下党通过北京高等法院查封了故居，暗暗地保护起来了。1949年10月19日是鲁迅13周年的忌辰，西三条故居正式对外开放。次年2月，许广平将故居和鲁迅生前的文物捐献给了国家。两年之后，

带你走进博物馆

带你走进博物馆

文化部决定在故居旁建立鲁迅博物馆。1956年10月，这个中国第一个作家博物馆，开始接待四方来客了。

鲁迅博物馆收藏有鲁迅文物21,258件，其中有特藏文物7,083件。鲁迅生前大量的藏书、手稿、藏画都完好地保存在这里。先生的藏书是个宝库，那里有许多重要的文献，如果要了解先生的知识结构，不能不看这些。尤为珍贵的是他的手稿，不仅有美术的价值，而且具有超越时空的历史价值。我有时看先生的墨迹，很是感慨。它的秀美不用说了，单单那其中流动的情思，就让人兴奋，好似看见先生的形影。鲁迅的字写得干干净净，一丝不苟。他的书也规规矩矩，从不折页，亦无题字，好像有些洁癖。看到了这些，鲁迅的性格也可窥见一二。

来到鲁迅博物馆的人，都喜欢院落的幽静，好像与旧有的时光纠葛着。20世纪50年代的展厅有点俄罗斯风格，90年代新建的展厅则很带点东方情调了。据说当年论证建筑方案时，有过一些争论，鲁迅的纪念场所究竟应是什么风格呢？看法并不统一。现在的博物馆在风格上与故居的四合院是协调的，有一种古风。他的书房、卧室、餐厅依然保持着原貌。老虎尾巴里的条幅和藤野先生的照片，以及先生当年收集的文物还存放于此，仿佛主人才出去不久。这些是珍贵的文物，留下了永久的记忆。在北京这个地方，能如此完整地记录了五四作家的博物馆，这是第一个。

有许多作家、学者都对鲁迅博物馆有着深切的关联。宋庆龄、茅盾、冯雪峰、川岛、李何林、王瑶、曹靖华、孙用等当年常常来到这里。1976年，李何林到此主持工作，担任馆长和研究室主任，博物馆有了很大的变化，故居维修一新，陈列展览也丰富起来。那时候真是鲁迅研究的兴盛时期。许多学术成果面世了，还培养了新中国的第一批博士研究生。20世纪80年代末我到这里工作时，还常常能看到王瑶、林辰、楼适夷、唐弢等人。他们谈论新文化运动的掌故，议论文坛旧事，每每有妙论出来，回想起来是愉快的。鲁迅故居旁有个西小院，当年《鲁迅研究动态》编辑部设立于此，许多老先生往来其间，留下了很多故事。那时，鲁迅是大家的话题，似乎永远说不完。后来这个编辑部团结了许多人，像钱理群、王富仁、汪晖、王乾坤等，这个刊物也名声大噪了。鲁迅当年居住过的地方，成了中国鲁迅研究的中心。一个学科和一个旧址，就这样地浑然一体了。

鲁迅当年不希望有人纪念自己，他曾说过人已死去，万事皆空，散灭就散灭了吧。但后来的人们怎么能忘记他呢？我在这个博物馆工作了多年，每天都和各地的造访者相遇。有的是慕名而来，有的则是忠诚的崇拜者。有位学者说，这里是知识分子的精神圣殿，来此是为了承受着、洗礼着。在我看来，这里是一个凭吊之处，它延伸着历史的血脉。在历史面前，中国人有时是失去记忆的，但鲁迅博物馆却会让人燃烧起记忆之火，它温暖着你，在寒冷的时候，让人们不再僵卧于苦地，有着蠕活的冲动。鲁迅之于后人，应是这样吧。

北京鲁迅博物馆馆长 孙郁

带你走进博物馆

鲁迅，在你必经的路旁

假如你喜欢在都市中漫游，却忽略了光顾博物馆，你的损失不能不说是令人遗憾的。

假如你喜欢到书海中遨游，内心深处肯定有过很多感动和追忆，会与"鲁迅"这个名字紧密相联。

那么，不妨在一个天朗气清的日子，到鲁迅博物馆寻觅先生的足迹，

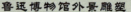
鲁迅博物馆外景雕塑

8

你收获的将是意想不到的丰饶。

坐落在阜城门内的鲁迅博物馆，是一个闹中取静的传统园林式庭院，绿草如茵，佳木葱茏。先生的白色半身雕像伫立在风中，长长的围巾似乎翩然起舞，触动着你的思绪翻飞。他侧目凝视着东南方 —— 那是故乡浙江绍兴的方向。他的脸部线条呈现出一贯的硬朗，双眉微蹙，好像直到今天也一刻没有停止过思索。

民国时期漂泊在北京的鲁迅，居无定所，先后搬家四次。在宣武门外南半截胡同的绍兴会馆住了七年后，他卖掉故乡的老屋，在西城区八道湾首次置业，过了四年稳定的大家庭生活。然而却因与周作人失和不得已迁出，又在砖塔胡同临时租住九个月。1924年先生再次筹款买下了阜城门内西三条一所幽静的小四合院，直到1926年南下前，一直居住在这里。

故居内最有特点的是被戏称为"老虎尾巴"的书房，又叫"绿林书屋"。还记得平易近人的藤野先生吗？他的照片就悬挂在鲁迅书桌对面的墙上。就在"老虎尾巴"内，先生完成了《坟》、《野草》、《华盖集》、《华盖集续编》和《彷徨》中的部分篇章，翻译了许多外国文学作品，取得了非凡的成就。

80个寒暑过去了，故居内鲁迅亲手种植的丁香树早已亭亭如盖。她们倾听过先生的谆谆教诲和青年人的欢声笑语，每到春天，就绽放出烂漫的花簇，昭示着曾经的似火年华。当你驻足园内，屏息静听，风里云里，若远若近，互相传唤着的，竟好像是那些与先生交流时年轻而热烈的声音呢！

鲁迅先生希望自己的文字"速朽"，却无意间留下了最丰厚的精神遗

产。从 1950 年至今，鲁迅博物馆已收藏先生文物两万余件，不光文稿、译稿，有书信、日记，还有先生收藏的古籍与文物。先生的手迹淡雅圆润，清新洁净，透着鲜活的生命光泽；而好友萧军、萧红、瞿秋白、许寿裳、钱玄同等人的遗物，亦散发着厚重的历史感。这一切与鲁迅生平的大型陈列一起共同再现了 20 世纪初的文化情境，点燃你对昔日峥嵘岁月的想像。

有关鲁迅的争论早成众声喧哗，无论褒贬都验证着这一精神存在所带来的激情。而将鲁迅还原至人间，他日常生活的点滴细节，也足以引发你的深思。面对他浩瀚的藏书和丰厚的著述，面对他简朴的生活环境和仅仅 56 岁的短暂一生，你会惊叹，同样是普通的一个人，却可以做到如此的不普通。鲁迅

正是以自己独特的人格魅力显示出了不朽。

鲁迅从来就没有离开过我们，他一直就伫立在你必经的路旁。

（姜异新）

带你走进博物馆

走进鲁迅的世界

鲁迅的一生是怎样度过的？你脑子里是不是只有一些儿时看社戏，与闰土玩耍，后来弃医从文，写很厉害的杂文等等一些相关的生活片断。那么，请到鲁迅生平陈列展厅里来，让我们和鲁迅先生"共同成长"一次，便会形成一个丰满的大师形象。

从百草园到三味书屋

巨幅"运河古栈道"照片将我们带到绍兴那个秀美的江南小城。1881年9月25日，鲁迅在绍兴城内东昌坊口一个书香门第出生了，取名周樟寿，后改为树人，鲁迅是他后来的笔名。鲁迅7岁开蒙读书，12岁到绍兴城著名的三味书屋学习。有一次他上课迟到，受到了先生的批评，就在书桌上刻下"早"字来自勉。展厅里三味书屋的复原模型十分醒目，刻了"早"字的书桌就在书房的西北角。

从小康坠入困顿

鲁迅13岁那年，祖父因科场舞弊案被捕入狱，父亲也得了重病。为保住祖父和父亲的性命，家里不断地变卖东西，家境迅速恶化。年幼的鲁迅不得不经常往来于当铺与药铺之间，饱尝了那个年龄还不该领受的世态炎凉。

三味书屋复原照

去寻求别样的人们

1898年，17岁的鲁迅怀揣母亲筹备的8元川资，到南京求学，先后在江南水师学堂、矿务铁路学堂学习。在那里他接触了许多西方先进知识，尤其是严复翻译的《天演论》一书对其影响很大。这是赫胥黎介绍达尔文生物

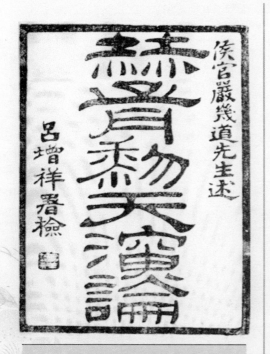

严复翻译的《天演论》

进化论、传播维新思想的著作，其中提出的"物竞天择，适者生存"的进化论观点成为他早期思想的基础。1902 年 1 月，鲁迅毕业，这时他坚定地认为"要救国，只有维新"，而要实现这个目标"只有这一条路"——到国外去。

我以我血荐轩辕

"灵台无计逃神矢，风雨如磐闇故园。寄意寒星荃不察，我以我血荐轩辕。"展柜里这幅鲁迅亲手书写的诗句格外引人注目。1902 年 4 月，鲁迅到达日本，在东京弘文学院补习日语。他带头剪掉了象征民族压迫的辫子，并拍照题诗留念，"我以我血荐轩辕"成为他一生不变的追求。

弃医从文

1904 年 4 月，鲁迅到仙台医学专门学校学医，结识了解剖学教授藤野严九郎先生。藤野先生非常关注他的学习情况，认真修改其笔记，甚至连文法错误也一一订正，珍贵的医学笔记见证了这段深厚的师生情谊。

带你走进博物馆

"时事幻灯片"事件深深刺激了鲁迅，使他痛切地领悟到，凡是愚弱的国民，即使体格多么健壮，而精神麻木，"也只能做毫无意义的示众的材料和看客"。要改造中国，"医学并非一件紧要事"；"第一要著"还是要改变人们的精神。于是，他做出了人生的重大选择：弃医从文。 1906年4月，鲁迅从仙台回到东京，开始从事文学活动。

呐喊

从日本回国后，鲁迅先后在杭州和绍兴的几所学校任教，课余开始辑录古籍，并发表了第一篇文言小说《怀旧》。中华民国成立后，应教育总长蔡元培邀请，他到南京教育部任职，1912年5月，随部来到北京。

在北京时期，鲁迅任教育部"金事"和社会教育司第一科科长，主管博物馆、图书馆等社会教育工作。工作之余，他校勘、钩稽古小说和乡邦文献，阅读佛经，搜集、研究造像墓志碑帖。还在北京大学、北京女子师范大学等八所大、中学校兼课，主要讲授中国小说史。

《狂人日记》是鲁迅的第一篇白话小说，1918年5月在《新青年》上发表。从此，他"一发而不可收"，创作了《阿Q正传》、《孔乙己》等大量形式全新、思想独特的作品。《呐喊》、《彷徨》、《野草》极大地激励了青年读者，引起社会的广泛关注，也奠定了鲁迅在中国新文学史上的地位。

淋漓的鲜血

1924年，北京女子师范大学学生

因不满校长杨荫榆推行奴化教育，奋起反抗，酿成风潮。鲁迅参加校务维持会，帮助学生起草驱逐校长杨荫榆的呈文，在报上发表文章，公开支持学生的正义斗争。

1926年3月18日，为抗议帝国主义的侵略行径，北京的学生和爱国群众在天安门前集会、游行。当游行队伍前行到段祺瑞执政府门前时，竟然遭到卫队的枪击和砍杀，当场死伤200多

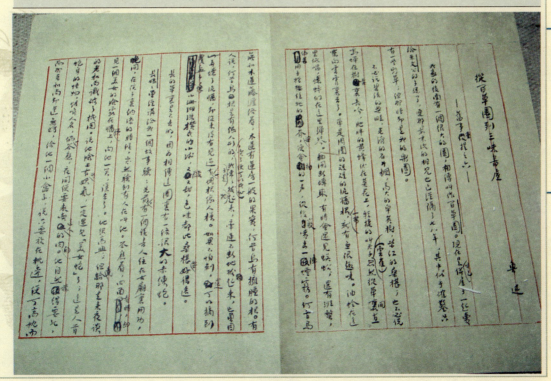

《从百草园到三味书屋》手稿

带你走进博物馆

人。女师大学生刘和珍、杨德群惨遭杀害。闻知这一消息，鲁迅感到极大的震惊和愤怒。他连续写下了《无花的蔷薇之二》、《记念刘和珍君》、《死地》等文章，称3月18日为"民国以来最黑暗的一天"。

"三一八"惨案后，段祺瑞政府进一步迫害社会知名人士和进步教授。鲁迅四处流离。1926年8月，他起程赴厦门，结束了在北京的生活。

此后一年间，鲁迅先后任厦门大学国文系教授、广州中山大学文学系主任和教务主任。教学之余，他指导学生创办社团，四处演讲，还创作了十几万字的作品，完成了多部书的编辑、校订。展柜里陈列着的就是《从百草园到三味书屋》等手稿。

1927年四一二反革命政变后，因为没有成功营救出中山大学的被捕学生，鲁迅愤然辞去一切职务，来到上海，度过了生命中最后的时光。

光辉的 10 年

1927年10月，鲁迅抵达上海，与许广平组建了"相依为命，离则两伤"的新家庭，唯一的儿子海婴也于1929年出生，这给他晚年的生活带来了快乐。

在上海，他专门从事写作，以饱满的热情创作出《华盖集》、《三闲集》、《二心集》等10部杂文集，并多次到劳动大学、暨南大学、复旦大学等学校演讲。

1928年，先生与"创造社"和"太阳社"展开论辩，就如何发展无产阶级革命文学问题发表了精辟的见解。1930年3月，"中国左翼作家联盟"成立，鲁迅是发起人之一。他主编或指导编辑了左联刊物《萌芽》、《世界文化》、《十字街头》等。

鲁迅大力倡导中国新兴木刻运动。他组织出版外国木刻集，开办木刻讲习班，请日本木刻家讲授木刻做法，并亲自任翻译。重病中，他还编定《珂勒惠支版画选集》，用珂罗版自费印行。

九一八事变爆发后，日本军队侵占东北，进犯上海与华北，亡国灭种的危机迫在眉睫。为了抗日救亡，鲁迅不顾个人安危，与茅盾等人联名发表了《上海文化界告全世界书》，号召人民开展抗日救亡运动。同时，加入"中国自由运动大同盟"、"中国民权保障同盟"等进步团体，发表了大量"论时事不留面子，砭锢弊常取类型"的杂文。这一切无不遭到国民党当局的迫害：他以"堕落文人"的罪名被通缉，书也无端

被邮局扣留，鲁迅不得不时时避难。

繁重、紧张的工作和社会活动，极大地损害了鲁迅的健康。从1935年下半年开始，他经常咳嗽、气喘、发烧，体重下降到30多公斤。但他深感时间紧迫，紧攥手中的"金不换"毛笔，奋力苦斗，直到生命的最后一息。

1936年10月19日，伟大的文学家、思想家、革命家鲁迅，在上海因肺病逝世，终年56岁。

"自问数十年来，于自己保存之外，也时时想到中国，想到将来，愿为大家出一点微力，却是可以自白的"。在鲁迅生平展览的最后部分，我们看到了先生这段谦虚的话，它真实地概括了鲁迅毕生的追求。

（张　彦）

带你走进博物馆

鲁迅故居话今昔

博物馆院内西侧，有一座小小的四合院，青瓦灰墙，树木葱茏，古朴典雅。这就是著名的北京鲁迅故居。1924年5月至1926年8月，先生一直居住在这里，这也是他在北京的最后一处住所。

这里地处阜成门内，城墙脚下，当年住的都是些以劳力为生的平民百姓，既没电灯，也没自来水，雨天道路泥泞，夜晚漆黑一片，交通十分不便，即使到稍微宽阔些的白塔寺大街，也要穿过不少曲折的小胡同。

这个约400平方米的小四

故居外景

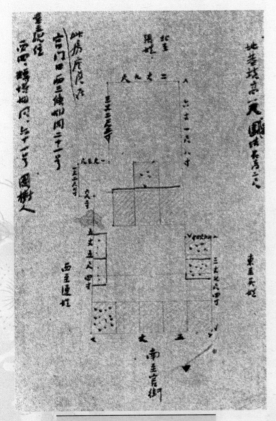

鲁迅手绘故居设计图

合院，原有老屋6间，3间北房，3间南房。1923年10月，鲁迅将其买下后，亲自设计改建，东西各加两小间厢房，使这个小院布局更加合理，严整和谐。将北房的院子辟为两块，前院鲁迅亲手种了几棵丁香，后院种了榆叶梅、碧桃和青杨。当年鲁迅一有空闲，便除草浇水，看护着这些小树一天天长大。80多个春秋过去了，还是仍然枝繁叶茂，树影婆娑，整个院落弥散着清淡的花香，更显幽静、素雅。

南房是鲁迅的会客室兼藏书室，被隔断成一大一小两个套间。南屋一进门，迎面叠放着一些黄褐色的木箱，这是先生的创意：它们叠起来是书架、书柜，拆开来是书箱，便于搬运，真是太实用了。南房东壁墙上悬挂着一张炭笔速写的鲁迅画像，这是青年画家

带你走进博物馆

陶元庆的作品。鲁迅先生非常喜欢它，写信对画家说："我觉得画得很好，我很感谢。"陶元庆也是绍兴人，鲁迅很赏识他，请他设计了不少书籍的封面。南房里间是个小客房，备有床铺，来访友人谈天过晚，还可以在这里过夜。

北房是家人居住的地方，被隔成3间。东间老母亲鲁瑞居住，家具大多是从绍兴老家带来的。靠北墙放着一张大木床，床上支着深蓝印花的麻布帐，颇有江浙风格。东西两墙边摆放着老式的案几和橱柜，一张竹躺椅斜放在门边——那是鲁迅常坐的地方。

丁香盛开的院子

挂有速写的南房

带你走进博物馆

每天晚饭后，他都要到母亲屋里待一会儿，陪母亲聊天儿。鲁瑞没有上过学，"以自修得到能够看书的学力"。她喜欢读报纸、看小说，对新事物很感兴趣，经常与年轻人讨论时事。北洋军阀政府迫害鲁迅时，她也常受牵连，但从不拖儿子的后腿。1943年，鲁瑞病逝，享年87岁，被葬在北京西郊板井村。

西间是鲁迅的原配夫人朱安的住房，只有一床、一桌等简单家具。朱安女士没有文化、少言寡语，与鲁迅有巨大的差异，但待人有礼貌、懂规矩，是

一位典型的旧式女子。鲁迅尊重朱安的人格，对她以礼相待，只是没有感情上的交流，二人各居一室，互不相扰。搬进西三条后，经济上由朱安当家。鲁迅曾对友人说："这是母亲给我的一件礼物，我只能好好的供养她，爱情是我不知道的。"

正中一间堂屋是全家人洗漱吃饭的地方。东隔扇上挂着一幅画：草石之间有一个矮胖的小孩子，这是鲁迅的四弟，很小就夭折了。母亲怀念他，鲁迅兄弟便特地请人画了这张像，从此，这张像一直陪伴在老人身旁。

堂屋的后面接出去一间小房子，拖在后面很像条尾巴，这就是被戏称为"老虎尾巴"的书房。当时，鲁迅坚定地支持女师大学生运动，被一些人诬蔑为"学匪"，因而鲁迅又自嘲地称之为"绿林书屋"。"老虎尾巴"不足十平米。

朝北两扇大玻璃窗，窗下横放着一张单人床，其实不过是由两条长凳架着两块木板，铺板上只有薄薄的被褥，质地是棉布的，看起来也很旧了。鲁

老虎尾巴内景

迅说，一个人独身生活，绝不能常往安逸方面想的，生活太安逸了，工作就被生活所累了。

先生的书桌是一张极普通的三屉桌，摆放着砚台、"金不换"毛笔、茶杯、烟缸等物品，最引人注目的还是一盏中号煤油灯。20年代，这一带还没电，这盏煤油灯就成为必不可缺少的用具。在微弱的灯光下，鲁迅写出了《华盖集》及《续编》、《彷徨》等大量作品。夜阑人静，写作到极疲倦时，他就站起来舒展一下酸痛的筋骨，在床上躺一躺，或是坐在藤椅上，点燃一只烟，看着那"休息在灯的纸罩上喘气"的小飞虫，透过后窗看看那几株枣树和被枣树枝干"默默"直刺

煤油灯

的"奇怪而高的天空"……小憩片刻，再泡上一杯浓茶，继续埋头写作。

"老虎尾巴"的墙壁上匀称地悬挂着好几幅照片和字画。其中东墙一张照片上是"一个黑瘦的先生，八字须，戴着眼镜"，这就是鲁迅的良师，日本仙台医专教授藤野严九郎。鲁迅在《藤野先生》回忆道："每当夜间疲倦，正想偷懒时，仰面在灯光中瞥见他黑瘦的面貌，似乎正要说出抑扬顿挫的话来，便使我忽又良心发现，而且增加勇气了，于是点上一支烟，再继续写些为'正人君子'之流所深恶痛疾的文字。"

东墙上还有一张笔锋有力的速写

藤野先生像

画，是司徒乔的作品《五个警察一个○》，一群警察正在殴打一个领着小孩讨饭的孕妇。鲁迅偶然发现这幅画后，立即买下来，将其挂在床前，至今未动。这足以看出人吃人的世间疾苦给他带来的是怎样深入骨髓的震撼。

西墙上有一幅十分显眼的对联，上书"望崦嵫而勿迫，恐鹈鴂之先鸣"。

这是鲁迅先生节选的《离骚》中的诗句，请教育部的同事乔大壮写的。他用屈原的名句时时激励自己，珍惜时间，奋发努力。另外，还有一幅不大的山水画，是青年画家孙福熙的散文集《山野掇拾》的封面画。由于这本书是鲁迅帮助校订和出版的，孙福熙为感谢先生的提携，将这幅画送给他留做纪念。

西三条原是一条比较僻静的胡

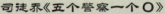

司徒乔《五个警察一个○》

同，自从鲁迅先生搬到这里后，顿时变得热闹起来。这时期，鲁迅还在北大、北师大、女师大、世界语等学校兼课，与青年们的交往越来越多。经常有三五成群的学生来拜访他，"老虎尾巴"里充满着青年人的欢声笑语。和青年们在一起，鲁迅似乎年轻了许多，往往畅谈到深夜。太师母和朱安夫人也十分高兴，每次总要拿出茶点招待他们。夜深人静，先生手擎煤油灯，把青年们送到大门外，一直看着他们的身影消失在漆黑的

乔大壮书《离骚》句

夜幕中。

这期间，也是鲁迅在北京工作最紧张、斗争最惨烈的时期。"三一八"惨案发生后，南屋那间小小的客房，便成了进步人士和青年学生的避难地。后来，段祺瑞政府加紧迫害社会知名人士和进步教授，黑名单上也列出了鲁迅的名字。先生四处避难，流离了一个多月，最后不得不于1926年8月离开北京，南赴厦门，结束了他在西三条21号的生活。

鲁迅离京南下后，鲁老太太和朱安女士一直在这里生活。他也曾两次回

带你走进博物馆

北平探望母亲，仍居住在"老虎尾巴"里。1932年11月28日，鲁迅在金色的夕阳中挥手告别母亲，也告别了西三条住宅。

1943年鲁老太太病逝后，朱安独自精心守护着这所宅院和鲁迅遗物，直至1947年6月在寂寞中病逝，实现了她"生为周家人，死为周家鬼"的可怜心愿。

朱安去世后，为了防止鲁迅遗物流失，中共地下工作者通过王冶秋等人，利用国民党的专政工具，以"接管"为名把故居查封，使故居得以完

周思聪《鲁迅接待来访青年》

整地保存下来。1949年北平解放，许广平将故居和鲁迅藏书、手稿全部无偿捐献给国家。自1949年10月19日始，鲁迅故居向全社会开放，供各界人士瞻仰、参观。当年，周恩来总理漫步在这小小的四合院里，看着那书箱、书桌、煤油灯，"金不换"毛笔……意味深长地叹道："小，价值可不小"。是啊，就在这布置简单、陈设朴素的陋室里，我们却感受到了一颗最伟大的灵魂。

（张 彦）

带你走进博物馆

"铁屋子"里的呐喊

鲁迅是个文学家，这谁都知道，可是他是怎样成为一个文学家的？说来话长，他的第一篇小说《狂人日记》还是别人逼出来的呢。弃医从文也不是为了唱高调，而是基于祖国现实的抉择。

很多人说鲁迅喜欢骂人，什么刀笔吏、放冷箭，真是这样吗？是什么促使鲁迅逐渐磨练出杂文这一杀伤力极强的文艺武器呢？

我们都曾羡慕过鲁迅童年时代神奇的百草园，那里蕴藏着许许多多生动有趣的传说。小鲁迅和玩伴们在这里捉蟋蟀、采桑椹、摘覆盆子、捕捉鸟雀……现在你恐怕更喜欢网络游戏吧？

信不信由你，早在上个世纪20年代鲁迅就已创作出了"大话西游"式的新历史小说。

更令人佩服的是，鲁迅的笔名竟有140多个，其间也蕴藏了很多故事，你知道吗？

想了解更多，就一页页翻下去，一条条点击放大吧。你会发现，鲁迅远没有想像的那么神秘，他和所有人一样，也曾顽皮放纵，也曾热血沸腾，也曾郁闷彷徨，也曾孤独绝望……

带你走进博物馆

带你走进博物馆

"立人"的文学选择

1902 年，鲁迅东渡日本，在东京的弘文学院学习日语。弘文学院可不是文学院，而是语言入门学校，捎带传授些科普知识。那时的鲁迅还是个热血青年，他第一个剪去了象征民族耻辱的辫子，并照像题诗留念：

灵台无计逃神矢，风雨如磐闇故园，寄意寒星荃不察，我以我血荐轩辕。

可见，鲁迅特别关注救国救民的出路。为此，他如饥似渴地阅读西方哲学思想著作和进步杂志，并积极撰稿。他的《中国地质略论》是我国最早系统地论述本国矿产的科学论文；

《自题小像》

《说铂》讲述了居里夫妇发现镭的事迹，也是中国最早介绍镭的文章；《月界旅行》和《地底旅行》也是我国较早的科幻小说，就是用喜闻乐见的形式来普及天体科学知识。这一切无不显示了鲁迅最初科学救国的思想。

科幻小说

　　1904 年 4 月，鲁迅从弘文学院毕业，选择了医学作为自己的专业："我的梦很美满，预备卒业回来，救治像我父亲似的被误的病人的疾病，战争时候便去当军医，一面又促进了国人对于维新的信仰。"同年 9 月，便只身前往仙台医学专门学校。在那里，他结识了终生难忘的藤野先生，也彻底领教了自己国民的愚昧和麻木。

　　当时，日俄战争刚刚结束，时事幻灯片里加映日本的战绩，其中有一个据说是替俄国军队当探子的中国人，正被日本军队抓住枪毙，围观欢呼的竟也是一群中国人：他们竟然如此麻木与愚昧！当"万岁"的欢呼声喧嚣时，鲁迅再也忍无可忍，他终于领悟到：即使体格如何健壮，也只能做枪毙示众的材料；头等重要的事应该是改变精神，而善于改变精神的就是文艺。

　　于是，鲁迅毅然弃医从文，完成了人生的转折。他来到东京创办《新生》杂志（取"新的生命"之意），开始了艰难的探索。由于缺乏资金，杂志中途夭折。这给了鲁迅不小的打击，使他感

带你走进博物馆

到如同置身于漫无边际的荒原，被寂寞的大毒蛇缠住了灵魂。

从此，鲁迅摒弃了先前慷慨激昂的意气，更加踏实地去学习外国文学，并与周作人合译了《域外小说集》，做些扎实的介绍工作。1907年，他连续发表了《摩罗诗力说》、《文化偏至论》等5篇论文，热切地呼唤立国必先立人，显示了思想实力，从而成长为"精神界之战士"。

日本军人砍杀中国人

逼出来的"狂人"

鲁迅的《狂人日记》是怎样被别人逼出来的呢？

鲁迅在教育部做事的时候，常待在绍兴会馆里抄校古碑，没怎么进行文学创作。抄古碑固然是他的一大爱好，但在他的朋友钱玄同眼里，这是毫无意义的，简直是浪费光阴。

绍兴会馆鲁迅房间的名字很有诗意，起初是"藤花馆"，后来搬到了"补树书屋"。那时钱玄同经常光顾，而且一坐就是大半夜。鲁迅叫他"爬翁"，他叫鲁迅"猫头鹰"。两人在东京同学的时候，钱玄同很不安分，经常是在席地上爬来爬去的，做很多小动作；鲁迅虽不这样，但不修边幅，喜欢凝神冷坐，两人的外号就这么叫了起来。

钱玄同

带你走进博物馆

一天晚上，"爬翁"来到"补树书屋"，将大皮夹放在破桌上，脱下长衫，对面坐下，不以为然地翻着那些古碑的抄本，发话了：

"你抄了这些有什么用？"

"没有什么用。"

"那么，你抄它是什么意思呢？"

"没什么意思。"

鲁迅的冷漠使钱玄同有些急了："我想，你可以做点文章……"

当时，钱玄同正参与创办了《新青年》杂志，非常需要新力量来稿支持。然而，鲁迅早已过了热血澎湃的年纪，创办《新生》受挫的经历，使他并不太愿意配合那热情，就慢悠悠地说出了这句传世名言：

"假如一间铁屋子，是绝无窗户而万难破毁的，里面有许多熟睡的人们，不久都要闷死了，然而是从昏睡入死灭，并不感到就死的悲哀。现在你大嚷起来，惊起了较为清醒的几个人，使这不幸的少数者来受无可挽救的临终的苦难，你倒以为对得起他们么？"

"然而几个人既然起来，你不能说决没有毁坏这铁屋子的希望！"可以想像，当时钱玄同有多么激动。

鲁迅猛然感到了清醒的凉意：是啊，希望确实是不能抹杀的，"因为希望是在于将来，决不能以我之必无的证明，来折服了他之所谓可有。"于是，他答应出山了。

但是写什么呢？鲁迅肚里的故事也不是说有就有的，他也要冥思苦想。最初脑海里映现的是一个叫阮久荪的姨表弟。他原来是浙江法政专门学校的学生，后来到山西一带当差。身在官场，却非常反感官场黑暗，深感抱负无法施展，长期抑郁寡欢自我封闭，患上了"迫害狂"，常常莫名其妙地说同事要谋害他，感觉到处都是罗网，要置他于死地。这样，他便躲到北京来，住到西河沿客栈里。可是这不起什么作用，即使隔壁有一点声响，他也认定追杀的人来了，自己是插翅难逃了。在鲁迅带他去看病的途中，看见站岗的巡警，他也惊怖万分，面无人色，眼睛异常阴森。鲁迅实在无奈，只得送他回乡了。

鲁迅是学医出身，又亲眼见过"迫害狂"病人，才能够写出《狂人日记》，否则是很难下笔的。但是，就这么平淡地叙述表弟的故事，你感到震撼吗？经过鲁迅艺术裁剪的《狂人日记》，却产生了巨大的轰动，直到今天还被久久回味着，这就是鲁迅的高明之处。

"狂人"形象所以诱人，要仰赖于鲁迅对社会敏锐而清醒的认识，能给予"迫害狂"深刻的社会文化内涵。在北洋军阀的黑暗统治下，有很多进步人士都被旧势力骂作疯子：章太炎被骂作"章疯子"，黄兴被骂作"黄疯子"，孙中山被骂作"孙大炮"。于是，鲁迅便"杂取种种人，合成一个"，把狂人表弟的病理特征和进步人士的反

封建精神结合起来，塑造出了一个独特的斗士形象，借他之口大胆地质问："从来如此便对吗？"

另外，鲁迅读过史书上有关食人的记载，又耳闻革命党人徐锡麟的心肝被挖出来吃掉的事，于是，就将现实与历史结合起来，对黑暗的封建压迫进行了艺术处理，指出"仁义道德"即是"吃人"。这正是《狂人日记》最精彩也是最具有批判力的地方：

> 我翻开历史一查，这历史没有年代，歪歪斜斜的每叶上都写着"仁义道德"几个字。我横竖睡不着，仔细看了半夜，才从字缝里看出字来，满本都写着两个字是"吃人"！

从原型阮久荪到所谓"疯子"，再到吃人史实，鲁迅认真选材，抽象概括，使狂人的形象既真实，又富有象征意味，同时寄寓了忧愤深广的情怀，从而使沉睡中的人们"于无声处听惊雷"，感受到了社会与审美双重意义上振聋发聩的效果。

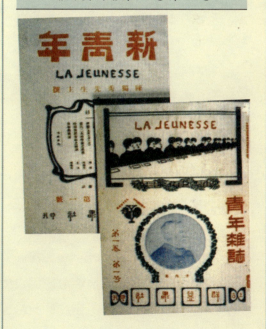

《新青年》第一卷第一号

带你走进博物馆

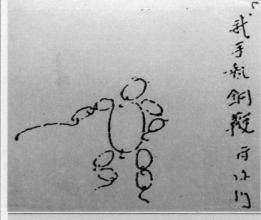
瞿秋白的阿Q画像

无处不在的阿Q

曾经有报纸评选20世纪最受欢迎的中国作品，鲁迅的《阿Q正传》被评为第一。确实，在中国现代文学史的人物画廊里，最不朽的典型形象就要数阿Q了。

阿Q长得什么样子呢？他30岁左右，是个流浪雇农，光着背，赤着脚，脑袋后面拖着一根又细又长的黄辫子，有时戴上一顶黑乎乎、半圆形的破毡帽，那是为了遮盖头上的癞疮疤。阿Q嘴唇厚厚的，还经常嘟嘟囔囔地自言自语。

读《阿Q正传》，起先你会觉得阿Q很可怜。他无家可归，连个姓都没有，赵太爷不让他姓赵，还打他的嘴巴；假洋鬼子的哭丧棒也认得他，三

番五次"啪啪"响在他的头顶；赵秀才的大竹杠劈向他护脑袋的双手指节及背上，使他"很有些痛"。可怜的阿Q被剥削得最后只剩下一条裤子。

你又觉得阿Q很可笑。他最忌讳别人提他的癞疮疤，要是谁不小心说了，口讷的他便骂，力小的他便打，有时竟认为别人"还不配"。对打不过的人，就想"我总算被儿子打了，现在的世界真不像样……"于是心满意足地自以为得胜了。阿Q这么好胜，甚

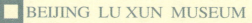
至捉虱子也要和王胡比，比不过就骂人家，结果挨了揍。有一次赌输了钱，起初他还闷闷不乐，但很快便转败为胜了：原来，他用力打了自己两个嘴巴，便认为打人的是自己，被打的是别人，这样想想也就心安理得地睡着了。你看，这多么荒唐，多么让人哭笑不得。

阿Q还很可恨。他认为凡尼姑必与和尚私通，看见一男一女讲话就认为有勾当，不但对他们怒目而视，还藏到冷僻的地方掷一块小石头。他对假洋鬼子的假辫子深恶痛绝，认为他女人不跳第四回井就不是好女人。他要是被人欺侮了，就转过头来欺侮更弱小的小尼姑或者小D，以此来发泄发泄。

阿Q如此滑稽，但读着读着，你就笑不起来了，只觉得他太可悲了。生活在社会最底层的阿Q，几乎面临人生的一切困顿，用一点"精神胜利"来自慰和平衡一下，说实在的，也没什么错。老实说，谁身上又没有一点阿Q的影子呢？当你考试不理想的时候，想没想过某某还不如我呢？当老师批评了你，你是不是也很快就忘记了？当你心里憋火的时候，会不会冲什么踹上一脚呢？其实，从心理学上讲，这是很正常的，谁都有排解精神压力的本能，总得发泄一下吧？但问题是，把"精神胜利"看作是应对一切压迫和奴役的"灵丹妙药"，这就不能不让人感到触目惊心了。阿Q对失败命运和奴隶地位竟这样难以置信地辩护、粉饰；他"闭眼睛"，根本不承认奴役地位，还沉醉于没有根据的自尊之中："我们先前——比你阔多啦！你算什么东西！"；他还常常好了伤疤忘了痛，又自轻自

带你走进博物馆

带你走进博物馆

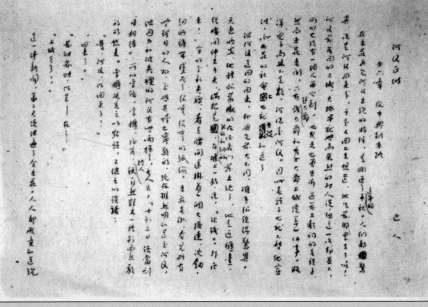

《阿Q正传》手稿

贱："我是虫豸还不放么？"；他自欺欺人，在幻觉中变现实的失败为精神的胜利，一声"儿子打老子"就大获全胜了；"精神胜利"甚至使他连死亡也不怕了，还妄想什么"二十年后又是一条好汉"！阿Q就是这样地让人"哀其不幸，怒其不争"，他的"精神胜利法"实际上是鲁迅对我们全民族的自我批判。

《阿Q正传》的问世也很有意思，是鲁迅的学生孙伏园催稿催出来的。孙伏园在北京晨报编副刊，开了个"开心话"栏目，总是笑嘻嘻地来请鲁迅写稿。阿Q的影子在鲁迅脑中倒是翻腾多年了，可一写仍是苦字当头。每周必须写一篇，做了两个月后，鲁迅实在想结束，又恐孙伏园不赞成。一次，孙出差了，鲁迅就把最末一章"大团圆"送去，被别的编辑刊登了，等孙伏园回来，阿Q已被"枪毙"一个多月了。

《阿Q正传》一期期在《晨报副刊》连载，引起越来越多的人的恐慌，他们感到自己身上有很多地方和阿Q相像，就怀疑鲁迅是在骂自己。如果说鲁迅真是在故意影射什么人，大家也会有同感吧？这就是鲁迅的高明之处，阿Q刻画得太传神了，让你感到无处不在。这个不朽的形象产生了非常广泛的影响，从20年代起，《阿Q正传》就被译成日、俄、英、法等很多国家的文字，赢得了世界人民和文艺家的好评。法国著名作家罗曼·罗兰说："《阿Q正传》是高超的艺术底作品，其证据是在读第二次比第一次更觉得好。这可怜的阿Q底惨象遂留在记忆里了。"茅盾也称赞阿Q既是中国人品性的结晶，又概括了人类的普遍弱点。

从"呐喊"到"彷徨"

鲁迅年轻的时候也喜欢做梦，有很多梦未能实现，又不能忘却，便郁结在心中，最终奔涌而出，汇成《呐喊》。这"呐喊"之声充满血气和智勇，它不是响彻在旷野或闹市，而是发声于万难破毁、令人窒息的"铁屋子"。

鲁迅的梦，就

《呐喊》初版本封面

带你走进博物馆

是想通过文艺来改变"愚弱的国民"精神。虽然创办《新生》受挫后沉默了七年。但自《狂人日记》发表后,他一发而不可收,8年内连续创作小说25篇,传神地刻画了"病态社会"中"不幸的人们",表达出"揭出病苦,引起疗救的注意"的心声,实践了为"那在寂寞里奔驰的猛士"助阵、使之"不惮于前驱"的诺言。

走进《呐喊》的世界,你的感受会异常沉痛:窒息、压抑、冷酷、辛酸、惊悚、悲凉、无奈……这是一个怎样病态的社会!生活着怎样不幸的人们!《故乡》中,活泼的少年闰土,在"多子、饥荒、苛税、灾、匪、官、绅"的层层盘剥下,被压成使人透不出气来的木偶人,一声"老爷"让人心寒;《药》中的华老栓,竟然用革命志士鲜血染红的馒头来治儿子的痨病,其愚昧无知真

赵延年木刻《孔乙己》

是让人感到无声的悲哀;孔乙己都站着喝酒了,却还放不下读书人的架子,也只能换来一些别人的讥笑声……

"五四"落潮后,新文化营垒分化了,鲁迅也成了散兵游勇。他说自己

找不到阵营，只好一人背着武器徘徊。由于听"听将令"，《呐喊》还有一些光明色调，在《彷徨》里无论农民还是知识分子都陷入了无边的精神危机。《祝福》中的祥林嫂是个想做奴隶都做不成的女人，临死前的她，"消尽了先前悲哀的神色，仿佛是木刻似的；只有那眼珠间或一轮，还可以表示她是一个活物"，到死都在受着灵魂的折磨："一个人死了之后，究竟有没有魂灵的？"真是活着连死后的罪都受了！《在酒楼上》中的吕纬甫、《孤独者》中的魏连殳、《端午节》中的方玄绰，都曾经很有改革的朝气，却被残酷的现实挤扁了灵魂，或像苍蝇一样飞了一圈又回到原地，或在玩世不恭的盲目复仇中失败，或张口闭口都"差不多"来苟且偷安；《伤逝》中的涓生和子君也曾勇敢地冲出旧家庭，这时也不得不再

《彷徨》初版本封面

回归旧家庭，最终被黑暗吞噬……

当时国人的生存状态，就是这样一种血淋淋的真实。鲁迅怀着沉痛悲愤的心情，活画出沉默国民的魂灵，毫不留情地解剖了落后、愚昧、麻木、无聊而又空虚的庸众，并严厉地拷问着

带你走进博物馆

那些所谓的启蒙者。他要打破"瞒和骗",逼迫读者,甚至连同他自己,正视人性的卑污,承受精神的苦刑。

因此,"取下假面,真诚地、深入地,大胆地看取人生并且写出他的血和肉来"是鲁迅的文学召唤,更是他的生命呼唤。

赵延年木刻《祥林嫂》

"匕首"！"投枪"！

说鲁迅是骨头最硬的战士，很大程度上是因为他创造了杂文这种杀伤力极强的文字武器。很多人说鲁迅喜欢骂人，实在是有点不负责任。真要回到那个血与火的年代，你对鲁迅也只有深深地折服。

有了报刊的阵地，杂文才应运而生。小说创作需要一定时间的酝酿，不能直接、快捷地斗争，鲁迅感到很不过瘾，就将杂文推到了前台。《新青年》从4卷4号起开辟"随感录"栏目，及时地发表些短小精悍的社会批评，形式非常自由。这很适合鲁迅简洁凝练的文风，他就写下大量时评，很快成为该专栏的主要作家。

鲁迅的杂文紧扣时代，针对新闻事件，融进深刻的文化思考，表达出独特的看法。1924年9月，杭州西湖的雷峰塔倒了，

杨德群

"雷峰夕照"是西湖十景之一，它的倒塌使倡导国粹的统治者们无比感伤。我们都听说过白蛇传的故事，也都曾为法海的粗暴行为而愤恨，白蛇娘娘被压在了雷峰塔下，谁不盼着那个破塔早一天倒掉呢？鲁迅也是这样想的，便将这一新闻和封建压迫联系起来，写下了《论雷峰塔的倒掉》，直接把矛头指向当时的统治者，鞭挞他们像法海一样，摆脱不了历史公正的裁判。

带你走进博物馆

那个黑暗年月，政治风波此起彼伏，鲁迅也时常卷入其中。1924年8月，杨荫榆任女师大校长，大肆推广家长式教育。女师大学生非常不满，便掀起"驱杨运动"，遭到政府的残酷镇压。当时的教育总长兼司法总长章士钊叫嚣着要整顿学风，开除了许广平、刘和珍等学生干部，还用尽手段迫害学生，甚至下令解散女师大。一年多来，鲁迅写下了《忽然想到（七至九）》、《并非闲话》等杂文，积极支持学生。后来斗争胜利，章士钊逃亡天津，杨荫榆被撤职，段祺瑞政府也风雨飘摇。这时的周作人、林语堂等人却鼓吹所谓的"费厄泼赖"（Fair-play），表面在提倡公平竞争，实际上却主张一种无谓的宽容。为了驳斥所谓的"费厄泼赖"，鲁迅于1925年12月写下了《论"费厄泼赖"应

该缓行》，提出"痛打落水狗"的著名论断，体现了坚定而彻底的革命性。

1926年3月18日，北京各界人士为抗议日寇炮轰天津大沽口等的无耻罪行，赶赴段祺瑞执政府请愿，遭到卫队的开枪屠杀，酿成了"三一八"惨案。女师大学生刘和珍、杨德群被害。鲁迅当即奋笔写下《无花的蔷薇之二》，将投枪匕首的锋芒，直接刺向卖国政府，"如此残虐险狠的行为，不但在禽兽中所未曾见，便是在人类中也极少有的"，"这不是一件事的结束，是一件事的开头。墨写的

刘和珍

三一八惨案追悼会

谎说，决掩不住血写的事实。血债必须用同物偿还。拖欠得愈久，就要付更大的利息！"并说这天是"民国以来最黑暗的一天"。而《纪念刘和珍君》更是满腔义愤，喊出了"沉默呵，沉默呵！不在沉默中爆发，就在沉默中灭亡"的悲切之声。

1931年9月，震惊中外的"九一八"事变爆发。南京、上海等地的爱国学生，多次请愿示威，强烈要求出兵抗日，却遭到反动军警的疯狂射击，珍珠桥边血流满地。国民党政府竟然发了一个电文，说学生们破坏社会秩序，叫嚷什么"友邦人士，莫名惊诧，长此以往，国将不国。"这深深刺激了鲁迅，

怒不可遏地喝道："好个'友邦人士'！"

日本帝国主义的兵队强占了辽吉，炮轰机关，他们不惊诧；阻断铁路，追炸客车，捕禁官吏，枪毙人民，他们不惊诧；中国国民党治下的连年内战，空前水灾，卖儿救穷，砍头示众，秘密杀戮，电刑逼供，他们也不惊诧；在学生的请愿中有一点纷扰，他们就惊诧了！

这极其精粹的短句，概括了日寇的侵略暴行和反动统治的大量事实，一针见血地指出所谓"友邦"，实际上是卖国政府的"友邦"，却是广大人民的真正死敌。

鲁迅的杂文就是这样的淋漓尽致，像匕首、投枪，能以寸铁杀敌。鲁迅一

生大约写了800篇杂文，这些文章声情并茂，嬉笑怒骂，对反动秩序随意戏弄。这种犀利与刻毒源于公仇，绝非私怨，显示出鲁迅不屈不挠的批判精神。

"野草"与"朝花"

鲁迅是个非常有创造性的作家，不仅小说一篇一个新样式，散文也别致得很。《野草》被认为是鲁迅的哲学：他那深邃复杂的思想情感，和对生命的种种感悟，都蕴藏在《野草》式的独语中。

初读《野草》，你会觉得很难懂，可是又被这种难懂吸引着。很多

《野草》首版封面

意象，像奇怪而高的秋夜的天空、在冷风中瑟缩的粉红色小花、不是被黑暗吞并就是在光明中消失的影子、明知前面是坟却匆匆前行的过客、还有死火、墓碑、乞丐、死尸……这一切无不让你感到沉闷、压抑、阴冷，甚至是恐怖，但是它们又似乎都有一种魔力，让你无法忘怀。《过客》像篇戏剧，说一个中年人在憔悴困顿中赶路，天色已经昏暗下来，他不知道从哪里来，也不知道要往哪里去，一个老人告诉他路的尽头是坟，劝他停下休息，他谢绝了；一个少女说前方是野百合、野蔷薇，他也不信，就这样不问好坏地走下去，不问意义地永不停歇地行走。这就是鲁迅所理解的命运。

《野草》就这样联系着生与死的梦魇，但也有对风物的追怀。比如《风筝》，"北京的冬季，地上还有积雪，灰黑色的秃树枝丫叉于晴朗的天空中，而远处有一二风筝浮动"，如此美景，他却联想到小时因风筝对小弟的心灵伤害，成年后要道歉时，弟弟却早已不记得此事，还笑了起来：被伤害的人反而比伤害他人的人更麻木！他多年想得到宽恕的期待心就这么一下子落空了。这是一种怎样的寂寞和悲哀？

鲁迅非常珍爱《野草》，说它是"废弛的地狱边沿的惨白色小花"，认为《野草》只属于他自己，不希望青年人去解读这些晦涩的独语。《朝花夕拾》就不同了，它明丽清新，朗朗上口，非常适合年轻人读，是鲁迅到厦门后对儿时美好经历的回忆。

《朝花夕拾》中的10篇短文"是从记忆中抄出来的"。是啊，谁的童年不处处充满无限乐趣呢？鲁迅也特别怀念百草园，他曾经在那里尽情地玩耍嬉戏，捉蟋蟀、玩斑蝥、采桑椹、摘覆盆子、拔何首乌……夏天在树荫下乘凉，冬天在雪地里捕鸟。然而，这种美好时光很快就结束了，12岁时他被送到三味书屋读书："我不知道为什么家里的人要将我送进书塾里去了，而且还是全城中称为最严厉的书塾。"

从此，鲁迅相继经历了枯燥无味的私塾教育，父亲的死，到南京求学和富国强兵梦的破灭，赴日求医和弃医从文，辛亥革命的前前后后……这些真实的经历，鲁迅都深深系念，亲切自然地为我们讲述了出来。

长妈妈一肚子"道理"、"规矩"，大年初一早晨醒来，要你说"恭喜"，吃一点福橘；她虽然害死过隐鼠，却会讲

"长毛"的故事，买带画儿的《山海经》；三味书屋的老塾师"极方正、质朴、博学"；荒诞的中医竟然要以"原配"蟋蟀作药引，用"败鼓皮丸"治鼓胀病；令人景仰的藤野先生，教学认真严格，又不怀民族偏见；而那个不合时宜的范爱农，终生坎坷，沉水而亡……这中间穿插了很多有趣的民俗。结婚、过年、迎神、老鼠嫁女、八戒招亲、猫是虎老师，你可能听说过了，可是你听说过飞蜈蚣专治美女蛇、"麻胡子"蒸吃小儿吗？还有专舐余墨的墨猴，充满人情味的无常鬼……这一切多么令人神往啊！

《朝花夕拾》里，鲁迅用一种透明开放的"闲话"风，情深款款地叙述着童年往事，又呈现出一个丰富多彩的内心世界。

大话圣人的"故事"

上世纪30年代，当鲁迅集中精力于杂文创作时，并没有忘记钟情的小说。这就诞生了很有"大话"味道的《故事新编》。

新编故事的主角都是古人、圣人、甚至是神，鲁迅用"戏仿"的手法，将他们拉下圣坛，塞到了日常生活的琐碎中，大加调侃，笔调是从未有过的从容、幽默和洒脱。

人类始母女娲，造人补天，多么有创世精神！在《补天》里，她却发现自己辛苦创造的产物，竟是一群只知道互相伤害的丑陋的"人类"，她感觉郁闷极了。后羿射日，战功赫赫，在《奔月》里，他功成名就后却纠缠于生活琐事，只能射些鸟雀养家，连妻子

带你走进博物馆

带你走进博物馆

《故事新编》封面

嫦娥都埋怨说"整天吃乌鸦炸酱面"！大禹治水，可谓千古壮举，在《理水》中，禹被学者们考据成了一条虫，伟大的功勋竟成了无聊的谈资。伯夷、叔齐不食周粟，饿死于首阳山，气节感天，在《采薇》中，却是处处不合时宜。……

　　超越时空，古今杂糅，插科打诨，是不是很"戏说"？可"戏说"不是乱说，而是选取古今相通的契合点，用现代眼光看清古代那些被掩盖的真相，又用古事来影射今人的荒谬。

　　让人敬佩的是，这里多数故事写于先生生命的最后时期。那时，他已身心交瘁，却仍然能如此诙谐的"借古讽今"，这不能不说是一种苦涩的幽默。

鲁迅用过的 N 个笔名

鲁迅本不姓鲁，而姓周。"鲁迅"，只是使用频率最高、影响最大的一个笔名。

说起来，鲁迅的名字还真多，有140多个呢。出生时取名樟寿，字豫山，后来因为绍兴方言"豫山"与"雨伞"相近，不好听，改成了"豫才"。1898年在南京时，学名为"树人"，还衍变出"自树"的别号。"周树人"便成为他在周家族谱的名字。

鲁迅起笔名，很多代表了当时的心境。在南京学堂的时候，他刻了一块石章，叫做"戎马书生"，还有过一个"戛剑生"。日本留学之后，取号"索士"、"索子"，即索居独处的意思。1907年以后，曾署名"迅行"或"令飞"，取前进的意思。后来给《新青年》写文章，主编陈独秀不赞成匿名，必须用真实姓名。鲁迅虽然打心里不愿意，但也不想破坏规矩，就在"迅行"中减去"行"字，加上母亲的"鲁"姓。此后，他发表小说基本上专用"鲁迅"，几乎成了本名。刚从日本回国时，黑暗的现实使他如同进入了荒漠，苦闷中便取号曰"俟堂"，本来指古人待死堂，在这里却是"我等着，任凭什么都请来吧"。有时鲁迅还将其倒转过来写，又把"堂"写为"唐"，成了"唐俟"，《新青年》"随感录"上的杂文大部分都是署名"唐俟"。

鲁迅喜欢猜谜，也经常幽默地用谜语来做笔名，"华圉"暗指当时"中国（华）是个大监狱（圉）"。后期笔名大多是反攻敌人的手段，比如"隋洛文"就是影射浙江党老爷许绍棣

的，他通缉鲁迅的罪名是"堕落文人"；林默讥讽他为"洋行买办"，他就取名"康白度"（Comprador）予以反击；"丰之余"，则是对"创造社"诬他为"封建余孽"的嘲讽。

这么多的笔名，说明了那时言论是多么地不自由。但另一方面，鲁迅无论怎样写、写什么，用新的笔名都能引起轰动，这不恰恰证明了鲁迅的过人才华吗？

（姜异新）

鲁迅部分笔名的印章印谱

带你走进博物馆

只研朱墨作春山

你知道鲁迅是位大文学家，但是你知道他还是杰出的美术批评家与我国新兴木刻运动的导师吗？鲁迅为我们留下了大量的美术收藏，有汉画像拓片600余帧；造像、墓志约6,000件；文人画20余幅；30年代木刻约2,000余幅；外国版画200余幅，总数达万件以上。对个人来说，这可不是个小数目呵。

"猫头鹰"的丹青情缘

说起来，鲁迅爱好文学还是从爱好绘画开始的。早在少年时代，鲁迅就偏爱图文并茂的"小人书"，神话传说集《山海经》就是他最心爱的宝书。与很多小孩子一样，鲁迅最喜欢的也是那些"人面的兽"、"九头的蛇"……据鲁迅回忆说，他小时就经常用"荆川纸"蒙在绣像上一个个描下来，读的书多起来，画的画也多起来；书没读成，画的成绩倒不少了。

鲁迅能把美术和文学有机地结合起来，相互促进，真可谓珠联璧合。我

《坟》的扉页装饰画

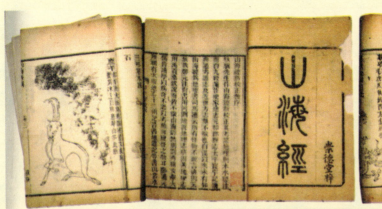
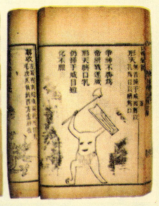

《山海经》书影

国现代作家中重视书籍装帧最早，并亲手设计封面最多的，就是鲁迅。他在杂文集《坟》的扉页上设计的装饰画，可谓别具匠心：方寸之间，猫头鹰、雨滴、天空、树林、月亮、云朵组成一幅和谐的图景。猫头鹰一只眼圆睁，一只眼细眯，歪着脑袋，耸着羽毛，有着卡通画式的天真与稚拙，真是憨态可掬。青年时代的鲁迅就经常以猫头鹰自比，他的绰号不就是"猫头鹰"吗？现存鲁迅最早的绘画也是一只画在笔记本封面上的猫头鹰。打油诗《我的失恋》中，猫头鹰竟成了他回赠"恋人"的礼物。这看似荒唐，却反映了先生的钟情之爱。在鲁迅的笔下，那暗夜中仍能保持清醒，不迎合人却喜怪叫的猫头鹰，始终歪着灵活的脖颈，睁着一只"醒眼"，斜睨着芸芸众生，是不是有些鲁迅的影子？

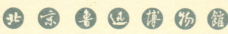
新兴木刻之父

提起鲁迅与美术的关系，首先就要提到中国的新兴木刻。先生认定，"当革命时，版画之用最广，虽极匆忙，顷刻能办"，"是最适合于现代中国的一种艺术"。因此，他全力倡导这门艺术。

第一步就是大量介绍欧洲新作，自费编印画册和举办展览，给版画青年们提供学习的范本。"有人翻印，功德无量"！在强调保护知识产权的今天，你能想像得出这是一本书的版权声明吗？这

猫头鹰

《德国的孩子们饿着》

本书就是鲁迅编印的《凯绥·珂勒惠支版画选集》。凯绥·珂勒惠支是德国有名的女版画家，鲁迅评价她说："在女性艺术家之中，震动了艺术界的，现代几乎无出于凯绥·珂勒惠支之上。"

在《选集》的发行广告上，鲁迅特意选了一幅石板画——《德国的孩子们饿着》。"一战"德国失败，饥饿无情地落在德国民众、尤其是无辜的孩子们身上："他们都擎着空碗向人，瘦削的脸上的圆睁的眼睛里，炎炎的燃着如火的热望。谁伸出手来呢？这里无从知道。"木刻大师的画配以文学大师的诠释，相得益彰。

鲁迅介绍珂勒惠支的作品，还有"左联五烈士"的一段故事。柔石是鲁迅的学生和朋友，曾一同与鲁迅介绍外国的文艺和木刻。他与"左联"其他四位同志被国民党秘密杀害后，引起了世界进步文化人士的强烈抗议，珂勒惠支也是其中一位。对于"左联五烈士"的死，上海报界畏于权威，不敢报道，鲁迅却特意把珂氏木刻《牺牲》投给《北斗》杂志，来表达他对柔石无言的纪念。

你看：一位瘦骨嶙峋的母亲，悲哀地闭着眼睛，把她熟睡的孩子交出去，这位母亲饱经沧桑，悲哀而刚毅。珂勒惠支在此寄寓了作为母亲的巨大悲痛——创作这幅画前不久，女画家珂勒惠支刚在"一战"中失去了长子。这又不禁让人联想到柔石的母亲："只有那位双目失明的母亲，我知道她一

定还以为他的爱子仍在上海翻译和校对。"（鲁迅语）两年后，鲁迅为追念左联五烈士，撰写了《为了忘却的纪念》，《现代杂志》配印的插图就是这幅《牺牲》。今天，我们面对这幅木刻，似乎仍能听到先生对扼杀年轻生命的黑暗世界无声的控诉。

其实，鲁迅并不希望盲目照抄外国艺术，而是希望能"斟酌汉唐的石刻画像，明清的书籍插图，并留心民间所玩赏的所谓'年画'，和欧洲的新法融合起来"，"创造一种更好的版画"。他还把"介绍欧洲的新作"和"复印中国的古刻"比作"中国新木刻的羽翼"。

汉代画像石是汉代墓室壁上刻有画像的建筑构件，将画像用墨和纸拓印下来，就是汉画像拓片。汉代是中国历史上一个鼎盛的时代，"虽然也有边患"，但"人民具有不至于为异族奴隶

带你走进博物馆

带你走进博物馆

《牺牲》

汉画像石拓片一

的自信心，或者竟毫未想到"，表现到艺术中，便是一种"深沉雄大"的美。鲁迅敏锐地感悟到，这些看似古旧残缺的砖石拓片，依然涌动着新鲜的艺术生命力，传递出传统文化昂扬饱满的精神风貌。在民族贫弱的时候，这种精神气质尤为可贵。因而，鲁迅特别推崇汉画像石，希望木刻艺术能从中吸取力量："唯汉人石刻气魄深沉雄大……倘取之木刻或可辟一新境界。"然而，

先生心愿未了便撒手西去，只有他深远的思想永远附着在这古朴的汉画像砖上。

建国后，人们开始从民俗、天文、体育、哲学等诸多角度解读汉画像石，汉代绘画艺术作为"纯粹的本土艺术"，研究成果可谓丰富多彩，有的学者甚至倡导建立"汉画学"。汉画像石终于真正复活，融入中国当代艺术，融入国人的血脉。

说起木刻，还要谈一谈古笺纸的故事。笺纸，就是用于传抄诗作和写信的纸，

汉画像石拓片二

带你走进博物馆

55

上面常有木版印刷的精美纹样，是传统木刻艺术的优秀代表。将最精美的笺纸集结成册，就成了笺谱。鲁迅先生认为，"实不独为文房清玩，亦中国木刻史上一大纪念耳"。笺纸历史悠久，极盛于明，但在上世纪30年代却面临着失传的危险。鲁迅、郑振铎以高度的使命感，毅然担当起抢救这一优秀文化遗产的重任，于1933年搜辑了《北平笺谱》，委托荣宝斋出版；翌年又委托荣宝斋翻刻了明代的《十竹斋笺谱》。

《十竹斋笺谱》是明末刻印的，精工富丽，含蓄隽永，代表着我国制笺艺术的最高成就。但时值李自成攻陷北京，印数很少，且再也没翻刻过。鲁迅、郑振铎听说日本一家书店有此书，就决定翻刻，但当时北平"雕工、印工只剩三四人，大部陷于可怜的境遇中，这班人一死，这套技术也就完了"。他们还

希望通过翻刻此书，来提高雕、印艺人的技艺，使这套传统技艺延续下去。

《十竹斋笺谱》共4册，261幅画，

《十竹斋笺谱》之一

56

翻刻和印刷的工程浩大，难度极高，费工费时。当时，每刻印一部分，郑振铎就寄给鲁迅审阅。经过一年的苦心经营，终于完成了第一卷，但时光也已走到了1935年。鲁迅被病魔缠身，一再催促加紧完成其余三卷。然直到先生逝世，第二卷仍未完成，终成一大憾事。有幸的是，荣宝斋在北平沦陷的艰难时刻，历时八年，终于完成了全书四册的翻刻，将一部精美绝伦的古书复活，实现了鲁迅先生的遗愿。通过刻印这两部笺谱，荣宝斋掌握了中国国画最高级的复制技术——木版水印，使这一濒于绝迹的古老技艺得以焕发青春。解放初，荣宝斋曾濒于破产，后来拯救这一老字号并使之获得新生的，就是这套木版水印技术。

丹青背后的友情

鲁迅一生结识了很多书画界的朋友，陈师曾就是其中与他交往最早、友谊最深的一位。陈师曾与吴昌硕、齐白石齐名，是对传统中国画进行现代变革的关键性人物之一，以书画篆刻闻名。鲁迅收藏传统文人画共有20多幅，陈师曾的作品占了很大一部分。

因为有这样书画篆刻俱佳的朋友，周作人开玩笑说，大家都打算慢慢"揩他的油"。陈师曾给鲁迅的画，有他赠的，也有鲁迅索要的。可以想像，喜爱绘画的鲁迅，与这样一位友人长年共处，耳濡目染之下，笔端文字也常带画意，就一点不奇怪了。

陈师曾善于表现鲜艳之色，描绘山水、花卉最负盛名。他的《松声》，让

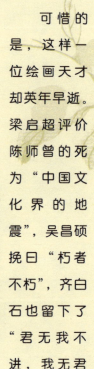

我们体味到山水画革新家的风采；而《牡丹》作为"冬花"之一，那股鲜红欲滴的劲头，至今仍带给我们寒冬的暖意。

鲁迅曾把自己的居室取名为"俟堂"，与陈师曾也有直接关系。一次，陈师曾要送一方石章给鲁迅，问他刻什么字，鲁迅说："既然你叫做槐堂，我就叫俟堂吧。""俟堂"也从此成为鲁迅的室名。当时，袁世凯正酝酿称帝，政治气候十分恶劣，鲁迅已经预感到危险，自号"俟堂"就含有"我等着，任凭你来吧"的意思。这方印，笔力稳健挺拔，雄浑老辣，有汉印的风格，古韵无穷。

可惜的是，这样一位绘画天才却英年早逝。梁启超评价陈师曾的死为"中国文化界的地震"，吴昌硕挽曰"朽者不朽"，齐白石也留下了"君无我不进，我无君

陈师曾《牡丹》

"俟堂"印章

则退"的诗句。由于陈师曾的作品大多散失，篆刻作品更为稀少，鲁迅收藏的丹青和遗刻，就显得尤为珍贵。

鲁迅见过的鲁迅像

在鲁迅收藏的书画作品中，还有一类比较有趣，那就是鲁迅见过的13幅鲁迅画像，其中有素描，有木刻，有漫画，画法多样；或庄重，或诙谐，或夸张，风格各异。它们的作者大多是受过鲁迅关怀的美术青年。

由于受鲁迅的"牵连"，不少鲁迅像都有着坎坷的"遭遇"。1935年夏天，全国木刻联合展览会在上海巡回展出，其中就有一幅曹白刻的"鲁迅像"。第一天，上海市党部的检察官"老爷"一看到这幅画，就禁止参展。曹白便把这幅木刻的拓片寄给鲁迅。鲁迅回信说："我要保存这一幅画，一者是因为是遭过艰难的青年的作品，二是因为留着党老爷的蹄痕，三则也由此纪念一点现在的黑暗和挣扎。"

鲁迅画像中也有十分"搞笑"的。日本漫画家堀尾纯一的鲁迅像，看起来就很夸张：四方脸，直竖的头发，一字胡，草草几笔就把一个活生生的鲁迅呈现出来。画中先生的笑是那样富有感染力，让我们一见也不禁笑起来。

带你走进博物馆

曹白木刻鲁迅像

在空白处，有画家这样一段题词："以非凡的志气，伟大的心地，贯穿一代人物。"

一个画家依着照片速写，也能取得成功，这你相信吗？陶元庆为鲁迅画的一幅炭笔速写，就是这样一幅作品。当时，画家在北京，鲁迅却远在上海，他就找了一个模特穿上大衣做替身，依着先生的照片完成了创作。这幅画线条潇洒流畅，造型准确。画界评价说"经鲁迅的精神形貌成功的表达到相当的高度，凡人一看，以识为鲁迅之像，是陶元庆之笔"。鲁迅先生也非常钟爱这幅速写，就用镜框装裱起来，一直悬挂在寓所内。鲁迅逝世后，这幅画下还曾摆设过灵堂，祭奠先生。陶元庆30多岁就过早地离开了人世，但这幅鲁迅像，却为我们凝固了一段永久的历史记忆。

"愿乞画家新意匠，只研朱墨作春山"，60多年过去了，鲁迅先生所培育的艺术幼苗已长成参天大树，那一份凝聚了他无数心血的美术收藏，仍然鲜活地展现在我们面前，为我们诉说着一个个古老而年轻的故事。

（刘　晴）

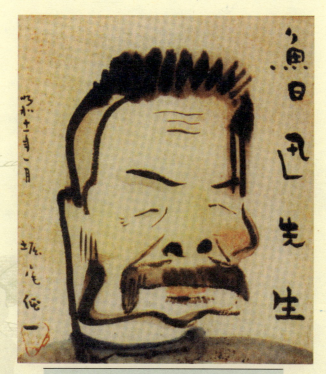

堀尾纯一的鲁迅漫画像

带你走进博物馆

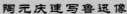

陶元庆速写鲁迅像

笔墨金石成记忆

鲁迅博物馆里珍藏最多的是文稿、藏书和金石一类的先生遗物。它们没有鲜艳的色彩，也没有金镶玉嵌的贵重，看起来是那样的不起眼，甚至人们随便一瞥就会走开。然而，这每件遗物后面却蕴藏着生动难忘的故事，听过之后，你会久久不愿离去。

爱书的"修书匠"

有一次，周海婴先生来博物馆参观，他忽然对几块不起眼的石头产生了浓厚的兴趣，兴奋地说："这不是我小时候的玩具吗？"原来，这几块鲁迅爱子的"玩具"，是用来修书的磨水石。北京鲁迅博物馆现在还收藏着一整套当年

鲁迅修书的工具，有刀子、剪子、沙纸、线等。鲁迅先生收入不多，买不起保存完好的善本，只好买些残本，亲手修补。破烂的，他就拆散，修理，再重新装好；书头污秽的，就用磨水石磨干净；书的天头、地头太短的，就把每页接衬，压平。先生修书的技术都快赶上琉璃厂修书匠的技术一样高明了。有的残本甚至是鲁迅几十页、

鲁迅使用过的修书工具

带你走进博物馆

几百页誊抄补齐的，抄本字迹工整，酷似刻本，现在它本身也成了稀有珍本。先生的藏书，保存下来的有 13,000 多册，从古籍到外国名著，从神话、游记到中外美术作品集，从佛经到马克思主义著作，内容极为广泛。

这些藏书，先生没有束之高阁，而是认真阅读，仔细研究，从而形成自己独特的认识。鲁迅收藏古籍，大部分仔细评点、校对，"废寝忘食，锐意穷搜"。经他辑校的古籍都"考证精审，一无泛语"，堪称治学典范。在这过程中，鲁迅先生有意识地搜求古小说史料，从而写成了中国第一部小说史——《中国小说史略》，"结束了中国小说历来无史的局面。"

题赠里的佳话

题赠笔墨给至交亲朋，是文化界的独特景观。鲁迅也保存了很多这样的题赠。这些笔墨中蕴含的深情，至今让人回味不已。

鲁迅博物馆保存着章太炎先生题赠的条幅："变化齐一，不主故常，在谷满谷，在坑满坑，图却守神，以物为量。"章太炎，名炳麟，号太炎，是近代民主革命家、著名学者。1906 年东渡日本后，曾主编同盟会的机关刊物《民报》，一面撰文，一面为青年讲学。有一段时间，鲁迅曾和许寿裳、钱玄同等去听章太炎讲解《说文解字》、《庄子》等，成了章太炎的及门弟子。"鲁迅的骨头是最硬的"，毛主席对鲁迅的这段评价广为人知。而鲁迅这种精神的形

成，受了恩师章太炎的深刻影响："考其生平，以大勋章作扇坠（注：勋章为袁世凯所赠），应总统府大门，大诟袁世凯包藏祸心者，并世无第二人；七被追捕，三入牢狱，而革命之志，终不屈挠者，并世无第二人：这才是先哲的精神，后生的模范。"（《因太炎先生想起的二三事》）"前去听讲，……并非因为他是学者，实在因为他是有学问的革命家，所以直到现在，先生的音容笑貌，还在目前。"

1915 年，章太炎被袁世凯软禁，鲁迅曾多次前往探望。章太炎便手录《庄子》语句，写下这条幅赠给鲁迅，表达了他对生死达观的态度，也表现了师生之间深厚的情谊。

对自己的恩师，鲁迅永志不忘。1936年太炎先生逝世后，很多人大赞其后半生隐居书斋，对他前半生的革命业绩却闭口不提，有人甚至肆意地歪曲、辱骂。为了

章太炎题赠的条幅

带你走进博物馆

给自己的老师一个公正的评价，鲁迅于生命垂危之际连续写文章为老师辩诬。逝世前三天，他还在写《因太炎先生想起的二三事》，可惜未能结篇。这是鲁迅先生的最后一篇文稿。

鲁迅收藏的题赠中，还有郁达夫赠给他的一幅诗笺："醉眼朦胧上酒楼，彷徨呐喊两悠悠。群氓用尽蚍蜉力，不废江河万古流。"

不知你发现了没有？诗的前两句蕴藏着先生的两篇作品和两部文集：作品《醉眼中的朦胧》、《在酒楼上》和文集《彷徨》、《呐喊》。最为巧妙的是，"醉眼朦胧上酒楼"，一方面是写实，平日鲁迅也喜欢喝一点黄酒；另一方面又是针对创造社进行的反讽。创造社各成员与鲁迅进行革命文学论争时，冯乃超曾说："鲁迅……常从幽暗的酒家的楼头，醉眼陶然地眺望窗外的人生，……他反映的只是社会变革期中的落伍者的悲哀。"郁达夫写此诗时，创造社中人已经认识到自己的偏颇，"左翼"文艺界已经团结起来。郁达夫于是用调侃的笔调，用当年的旧话来描写鲁迅。"彷徨呐喊两悠悠"，也是语带双关，和后两句一起，既是对鲁迅的赞颂，也能让我们联想到鲁迅当年所遭遇的种种

郁达夫肖像及其手迹

带你走进博物馆

围剿、攻击和诬蔑。

　　郁达夫与鲁迅曾同在北京大学任教，鲁迅到上海后，又和他共同编辑期刊，参加"左联"，为《自由谈》撰稿，翻译外国文学作品，一直相互合作，相互敬重，当然也会相互唱和、题赠。郁达夫为人的真性情，深得鲁迅尊重。大家都能背出的："横眉冷对千夫指，俯首甘为孺子牛"，这一联句就是鲁迅赠给郁达夫的。令郁达夫最难忘的还是鲁迅题赠的《阻郁达夫移家杭州》，该诗用伍子胥、钱王等典故真诚地告诫好友。郁达夫到杭州后，果然不出先生所料，被一位"党部"的先生弄得家破人亡，这时才幡然醒悟，悔当初不听老友之言，酿成今日的祸端。鲁迅先生对友人的肝胆相照，真是十分令人感动。

带你走进博物馆

　　"横眉"鲁迅手书题赠

"失而复得"的医学笔记

读过《藤野先生》的人，对鲁迅的医学笔记一定不会陌生。鲁迅博物馆中就珍藏着这些医学笔记，它们不仅牵着鲁迅和藤野先生感人的师生情缘，还链接着一段失而复得的坎坷经历。

鲁迅曾深情地说："在我认为我师中，藤野先生是最令我感动的一个。"藤野先生早年曾学过汉文，十分尊重中国，"就觉得对那个国家的人也应该高看的"。尤其是他看到鲁迅"身在异国，不以为苦"，很受感动，便热情地进行帮助，对鲁迅与其他同学的交往、住宿生活的安排，用功的方法，笔记的写法等等，都尽其所能地提供帮助。尤其令鲁迅感动的是，每次上完课，他都会为鲁迅仔细地修改笔记，"从头到

尾，都用红笔添改过了，连文法上的错误也都一一订正"，而且一直持续到教完自己担任的四门课程。鲁迅后来把这些笔记装订成三大册，作为永久的纪念。

然而，当鲁迅从故乡迁居北京时，托运的一口箱中途毁坏，丢失了半箱书，据鲁迅回忆，医学笔记也在里面，这成了先生终身的遗憾，但令先生想不到的是，在他逝世十几年以后，这些医学笔记又"失而复得"了。

原来当年鲁迅回绍兴迁居时，还将一部分不准备带走的书籍和手稿寄存在朋友家里，医学笔记其实误放在这里面了，而带回北京的书中根本就没有医学笔记，是他记错了。解放后，绍兴鲁迅纪念馆征集文物时，发现了这些笔记，许广平就把它捐献给了北京鲁迅博物馆。

医学笔记

今天，我们看着这些医学笔记，不管是否懂医学和日文，都会为这样的修改而感动。藤野先生无私的体贴和帮助，给身在异国的鲁迅很多温暖。在鲁迅对青年的关爱中，你是否清晰地看到了藤野先生的影子呢？

今天，鲁迅与藤野先生已成为联结中日人民友好感情的纽带，仅日本仙台就已成立了十几家鲁迅研究学会。鲁迅的母校还建立了专门为鼓励中国留学生努力上进的奖励基金。藤野先生的家乡也为他建立了纪念馆以作缅怀。走在仙台，只要知道你是中国人，经常会遇到仙台人民温暖如家人般的微笑，鲁迅与藤野先生地下有知，也必含笑九泉了。

手稿趣谈

鲁迅一生写下大量作品，大家一定会想，鲁迅肯定为我们留下了很多珍贵的手稿。鲁迅博物馆确实保存了很多手稿，但主要是先生后期的作品，新文化运动时期的却很少。手稿丢失的"罪魁祸首"不是别人，正是鲁迅本人。

鲁迅从来无意保存自己的文稿，除非有用要留在手边，其他的却毫不珍惜。有一次，萧红在吃油条时，发现包油条的纸竟是一篇鲁迅的手稿，她感到非常可惜，就写信将此事告诉先生。他却回信说："我是满足的，居然可以包油条，可见有一些用处。我自己是在擦桌子的，因为我用的是中

带你走进博物馆

国纸，比洋纸能吸水。"如果不是许广平及时地抢救这些文稿，后期能够保存下来的恐怕也不会多了。

除了许广平外，学生、友人也收藏了鲁迅很多遗稿。其中，许寿裳所藏的鲁迅地质学佚文手稿尤为珍贵。这则日文手稿虽然早就在鲁迅博物馆收藏着，但一直被认为是普通的笔记，1990年才被鉴定为地质学佚文手稿。这篇手稿写于1903年，比李四光等人发表的首篇地质论文还早十年。这样，鲁迅便被认定为中国第一位撰写和讲解地质学文章的学者。一位著名的地质学家说："如果鲁迅不改行，他一定能像他现在取得的文学成就一样，成为地质界的泰斗。"

早在南京求

地质学佚稿

学时，鲁迅就在矿物铁路学堂学习采矿，对地质产生了浓厚的兴趣。在日本弘文学院学习时，他做了不少普及和研究地质学知识的工作。先生在同一时期写成的《中国地质略论》和《中国矿产志》，成为我国地质工作开天辟地的第一章。可惜这些遗稿早已散失了。这些幸存下来的地质学佚文，自然成为鲁迅对地质学贡献的最好纪念。

金石情缘

鲁迅在北京时，工作之余经常光顾琉璃厂，除了购买纸张、古籍之外，也常常搜集金石藏品。这些石头、青铜、拓片看起来冷冰冰的，却饱含着鲁迅对古代文化遗产的深厚感情。

初到北京时，鲁迅住在绍兴会馆，搜集了大量古代造像和墓志金石的拓本，其中包括造像、墓志、碑、砖、瓦、镜、钱等，总共5,900余张。先生的收集是为了整理研究，订正校勘《寰宇贞石图》手稿。他分门别类，收入232种，并编辑了纵目和翔实的细目，在目录下注明该石的年代、出处、现存处，并间有考证，纠正了前人在定名、断代上的不少舛误。郭沫若指出，编辑此书"实一至繁重之工作，以一人一手之烈，短期之内，以观其成，编者之毅力殊足惊人"，"研究历史者可作史料参考，研究书法者可瞻文字之演变。裨益后人，实非浅鲜。"此书的编撰，是鲁迅在石刻研究领域的重大贡献。

鲁迅收藏的文物，一般体积较小，但是，捐献给历史博物馆的明代铜镜、大碗却是例外。历史博物馆是中国第一家国立博物馆，也是现在国家博物馆的前身。1912年7月，鲁迅参加了它的筹备工作，从选址到藏品的搜集事必躬亲，不仅从清宫旧物、琉璃厂货物中整理、征集了大量藏品，还把自己藏的文物一起捐赠。和珍品相比，这两件文物实在算不上珍贵，却蕴藏着鲁迅为我国文博事业筚路蓝缕的艰辛，实在令人感念。

（刘　晴）

带你走进博物馆

明代铜镜、大碗

带你走进博物馆

海纳百川的情怀

鲁迅一生都在创作"为人生"的文学，读了他的小说或散文，你会不会觉得鲁迅就是邻家可亲可敬的老爷爷呢？其实，鲁迅并没有把自己封闭在书斋里，而是时常走出象牙塔，投身到火热的社会实践中。他和同时代人共同演绎了一段段或平凡、或精彩、或有趣、或感人的人生故事。

青年的良师益友

"俯首甘为孺子牛"，这一诗句不知被多少人传颂，它书写的正是鲁迅对青年的深情。

1934年10月28日，鲁迅收到了萧红寄来的《生死场》抄稿。稿件是用薄绵纸复写的，字迹又小又密，先生只得把眼睛凑近，一字一句地仔细辨认，艰难极了。他一面看稿，一面还叹息着说："唉！眼睛不成了！"对一个素不相识的青年，先生没有埋怨她的稿子写得不清楚，却责怪自己眼力不行。这真像他自己说的："我对青年的态度，是母爱的呢！"

柔石初到上海时，经济拮据，无法生活。先生不仅多次资助柔石，还让出自己在《语丝》的主编职务，介绍柔石来接替。柔石有了固定收入，终于可以安心创

萧红

作了。柔石牺牲后，鲁迅马上捐出一百元，还亲自替他的家属索要版税。先生对柔石身前身后的资助，"就有一万元左右"。

有一次，鲁迅刚译完一部作品，得知一位青年作家也翻译了这部作品，正准备出版。当时，一部作品有两个译本不足为奇，但鲁迅考虑到自己的名气大，同时出版会影响那位青年译本的销路，就说自己译得不如那位青年的好，推迟了出版。

先生对于青年的爱是没有国界的。

中华邮政局立卷的粗纸
一九二七年十二月十七日

絲 語

第四卷 第一期

《语丝》杂志

日本青年增田涉立志翻译鲁迅作品，1931年春天来上海请教，先生便每天下午抽出三四个小时，用日语逐字逐句仔细地向他讲解《中国小说史略》，一直讲了三个月。增田涉回国后的两年中，一遇到疑难，就写信请教，通信之频甚至高达一天两次。

为了感谢先生付出的劳动，在日文版《中国小说史略》出版时，增田涉诚恳建议两人署名合译，被先生婉言谢绝了。但是，在序言中，先生却没有忘

带你走进博物馆

带你走进博物馆

增田涉

记写上那位"不顾利害，给它出版"的日本出版商的名字。

"春蚕到死丝方尽"。据统计，鲁迅一生给青年的亲笔回信有3,500多封，甚至在生命垂危的最后几个月，还为革命友人和青年回复了93封信。逝世前三天，在"病不脱体，竟又发热"的垂危时刻，还为曹靖华的翻译作品写了序言，并附信寄出。这是鲁迅先生写给青年的最后一封信。当曹靖华收到这封信时，鲁迅先生已与世长辞了。

"我好比一只牛，吃的是草，挤出的是牛奶、血"，先生曾这样深情地说。他把自己的生命化作一盏明灯，为青年照亮了前进的路。先生早已离我们远去，但是，他的精神将永远伴随着我们……

鲁迅的"死党"

友情中最让人感动的，莫过于生死不渝的莫逆之交。鲁迅就拥有这样一位好朋友，他就是许寿裳。

许寿裳，字季茀，现代著名学者、教育家。鲁迅和他是日本弘文学院的同学，两人志趣相投，很快就成为好

许寿裳

论文和翻译作品，开始了他最初的文学尝试。

　　俩人虽是好友，性格习惯却各不相同，"一个是知识分子型的，一个确是农民型"。吃面包，许寿裳喜欢把皮撕掉再吃，鲁迅觉得扔了可惜，就拿起来吃掉。许先生看着奇怪，问他为什么要吃面包皮。鲁迅随口答道："我欢喜吃的。"许先生信以为真，以后每次同吃，就特意把面包皮送给鲁迅。

　　无论风霜雨雪，许寿裳的友情始终伴随着鲁迅，可以说是先生的"死党"。他们同时从日本回国，任职于同一所学校，同时进教育部成为同事，又同时因女师大事件被免职；无论到厦门还是去广州，都一起任教；最后，还都定居上海。不管谁辞职他往，另一个必定很快追随而至。

　　许寿裳虽然为人忠厚随和，但在

友。那时，二人经常一起去会馆，跑书店，赴集会，听演讲。每次从书店归来，都是钱袋空空，鲁迅说一声："又穷落了！"两人便相对苦笑。他们还常常谈人生，谈社会，谈理想。在许寿裳编辑的《浙江潮》上，鲁迅发表了很多科学

带你走进博物馆

75

带你走进博物馆

大是大非面前，也和鲁迅一样坚定。北京女师大学潮中，鲁迅被教育部免职，女师大也被强令解散。许寿裳出于义愤，直接斥责教育总长章士钊，认为这是非法的，结果得罪了章士钊，自己也遭免职处分。

女师大学生被驱逐出校后，在宗帽胡同租赁房屋作临时校舍，坚持学习。鲁迅身染重病，仍坚持上课；而许先生则身兼校长、教务长、教员三职重责，不辞劳苦，不分日夜地处理各种事务，不取分文报酬。刘和珍、杨德群被害后，鲁迅立刻写文章予以揭露，许寿裳也亲自为两个学生料理丧事，甚至十多天不眠不休。为此，他与鲁迅一起被列为"暴徒首领"通缉，不得不到处避难。

鲁迅晚年回忆说："季巿他们对于我的行动，尽管未必一起去做，但是总是无条件的承认我所做的都是对。"

生死不渝，用在许寿裳和鲁迅的友谊上是再恰当不过的了。据许广平回忆，鲁迅逝世后，她一人带着孩子在上海漂泊，"十年人事沧桑，家庭琐屑，始终给我安慰，鼓励，排难，解纷；知我，教我，谅我，助我的，只有他一位长者。"

鲁迅逝世后，许寿裳编辑了《亡友鲁迅印象记》以作纪念，不遗余力地宣传亡友的精神，他对鲁迅的追思与评论文章，成为现在了解鲁迅的珍贵史料。

人生得一知己足矣

子期死，伯牙摔琴，可见人生一世，朋友易得，知己难求。鲁迅有幸得一知音，他就是瞿秋白。

瞿秋白是中国共产党早期领导人，不仅是一位革命家，还是著名的翻译家、作家。1931年，他来到上海从事革命文化工作，与鲁迅相识并成为好友。在鲁迅一生1,300余封信中，称对方为"同志"的仅有1封，就是写给瞿秋白的。

30年代初，鲁迅曾先后三次接纳瞿秋白夫妇到自己寓所来避难。和瞿秋白在一起，鲁迅像见到亲兄弟一样，有说不完的话。瞿秋白也常把自己的构思讲出，征求鲁迅的意见，修改补充后，再执笔写作，并用鲁迅的名义发表。两

瞿秋白

位好友无论观点还是风格都非常近似，有时连鲁迅自己也分不清到底是谁写的文稿了，甚至出现了误把瞿秋白的文章收入自己文集的事。

为了给鲁迅留下一个永久的纪念，瞿秋白在很短的时间内编成了《鲁迅杂感选集》，并写好序言。鲁迅看过后，便录写了条幅"人生得一知己足矣，斯世当以同怀视之"（注：同怀，即亲兄弟），赠送瞿秋白。瞿秋白把这张条幅挂进新居，以示心心相印、共表敬重之情。

1935年6月18日，瞿秋白英勇就

带你走进博物馆

义于福建长汀。由于消息阻塞，鲁迅在七八月份还在设法营救他。噩耗传来，鲁迅万分悲痛，执笔写字都振作不起来。后来，先生化悲痛为力量，投入几个月的时间，整理出瞿秋白60多万字的遗文，定名为《海上述林》，以"诸夏怀霜社"的名义出版。在校对《海上述林》的日子里，鲁迅从未间断过的日记竟也停写了25天。

鲁迅的"组织"关系

为了能相对自由公正地发出自己的声音，鲁迅从未参加任何党派，他怎么会有组织关系呢？这里所说的"组织"，指的是当时一些社会团体。鲁迅一生和大大小小各种社会团体打过无数交道，也谱写出了无数华彩乐章。

提到新文化运动，便会立刻想到《新青年》。鲁迅不但参加了《新青年》的编辑工作，还在上面发表了很多振聋发聩的文章，一举成为新文学革命的主将。可以说，《新青年》是"鲁迅"诞生的摇篮。

除钱玄同外，编辑部里对鲁迅影响较深的就数陈独秀了。作为"文学革命"的首倡者，陈独秀也是催促鲁迅创作小

新青年同仁

说最着力的一个。《呐喊》的出版，陈独秀功不可没。对于陈独秀的坦率和夸张，鲁迅曾幽默地把陈独秀和胡适进行比较："假如把韬略比作一间仓库罢，独秀先生的是外竖一面大旗，大书道：'内皆武器，来者小心！'但那门却是开着的，里面几支枪，几把刀，一目了然，用不着提防。适之先生的是紧紧关着门，门上粘着一张小纸条道：'来者勿虑。'这自然可能是真的，但有些人——至少使我这样的人——总是不免要侧着头想一想。"

鲁迅晚年和一个文艺团体的名字紧密地联系在了一起，这个团体就是中国左翼作家联盟。鲁迅是"左联"发起人之一，主要成员有郭沫若、茅盾、夏衍、周扬等。1931年1月17日，"左联"五位作家柔石、李伟森、胡也频、殷夫、冯铿在参加党的一次集会时被捕。据说，当时国民党特务从柔石衣袋里翻出了一张和鲁迅来往的字条，随后就有特务不断追查鲁迅的住址。在内山完造的帮助下，鲁迅一家就避居到日本人开设的花园庄旅店。

2月7日，柔石等五作家被秘密杀害。上海竟然没有一家报纸敢刊发这

左联五烈士

带你走进博物馆

民盟成员合影

个消息，鲁迅得知后，悲愤的吟就一首七律，悼念牺牲的战友：

> 惯于长夜过春时，挈妇将雏鬓有丝。梦里依稀慈母泪，城头变幻大王旗。忍看朋辈成新鬼，怒向刀丛觅小诗。吟罢低眉无写处，月光如水照缁衣。

他冒着生命危险，秘密印了《前哨》——纪念战死者专号，并写了《中国无产阶级革命文学和前驱的血》、《中国文坛的鬼魅》等文章，对反动政府的黑暗统治和反革命文化"围剿"进行了深刻揭露和愤怒谴责。他还写了《黑暗中国文艺界的现状》一文，交给史沫特莱，请她设法在国外发表。史沫特莱很为鲁迅的安全担忧，但先生说，这几句话是必须说的，中国总得有人出来说话！两年后，他又写了《为了忘却的记念》，深切悼念牺牲的年轻战友。

鲁迅先生参加的另一团体是"中国民权保障同盟"。他曾和宋庆龄、蔡元培、杨铨等同盟成员前往德国驻上海领事馆，抗议希特勒屠杀犹太人，摧残进步文化。1933年6月18日，民盟总干事杨铨被特务杀害。入殓的当天，特务放出口风，要暗杀鲁迅和其他几位领导，但鲁迅毅然参加了杨铨的追悼会，并用不带家中钥匙的方式表达自己视死如归的决心。他写下《悼杨铨》这首诗，表示沉痛的哀悼：

> 岂有豪情似旧时，花开花落两由之。何期泪洒江南雨，又为斯民哭健儿。

这首诗，解放后还有一段趣闻。毛主席曾做过白内障摘除手术，听人提起主治医生叫唐由之，不禁脱口而出："由之，由之，'花开花落两由

带你走进博物馆

之'。"他豪爽地写下鲁迅这首诗送给了唐由之。

鲁迅的外国友人

"人类最好彼此不隔膜，相关心"。鲁迅曾对人类提出这样一个美好的理想，在国际文化交流过程中，他结识了很多国外友人。

爱罗先珂，俄国盲诗人和世界语学者，他来中国推广世界语期间，就住在鲁迅家中。爱罗先珂抱怨北京寂寞，就在鲁迅家里饲养了很多小动物。他饲养的小鸡没长大就夭折了，就写了一篇童话《小鸡的悲剧》，来表达自己的悲伤。但他养的鸭子直到他离开中国后还快乐地活着，生了一大群鸭儿鸭女。鲁迅风趣地写了小说

爱罗先珂

《鸭的喜剧》，来怀念这位俄国朋友。

史沫特莱，美国女作家、记者，1928 年作为德国《法兰克福报》特派记者来华。她曾赠给鲁迅一本自传体小说《大地的女儿》，并在扉页上写到："赠给鲁迅，对他为了一个新的社会工作和生活表示敬佩。"鲁迅病重的时

82

候，她为鲁迅请来美国的肺病专家。鲁迅所做的很多文章，也都是由她印成英文在美国发表的。

留学日本，使鲁迅对日本人民产生了深厚的感情，一生结交了很多日本朋友。

读过《一面》的人，一定对内山书店不陌生。鲁迅到上海的第三天，就到内山书店购书，渐渐地与老板内山完造相识相知了。此后，他经常在内山书店接待友人，亲切漫谈。出于安全方面的考虑，鲁迅的通讯地址对外不公开，很多信件也都是通过内山书店转交的。鲁迅推广新兴木刻运动之初，内山先生还邀请了弟弟内山嘉吉来中国，讲授木刻技法。内山完造先生是跟鲁迅交往最密切的日本友人之一。鲁迅评价他说，"我确信他做生意，是要赚钱的，却不做侦探；他卖书，是要赚钱的，却不卖人血"。

"度尽劫波兄弟在，相逢一笑泯恩仇"，这是周总理在中日恢复邦交时所

史沫特莱

带你走进博物馆

内山书店

吟诵的诗句。实际上，这一佳句也出自鲁迅之手。

日本生物学家西村真琴是个爱好和平的人。1932年日军进犯上海，她捡到一只无家可归的鸽子，便带回日本饲养。但是，这只鸽子不久就死了，伤心的西村建了三义塔来葬鸽，并请鲁迅为鸽子墓题词。先生就写了《题三义塔诗》，谴责侵略，歌颂和平，其中就有一句"度尽劫波兄弟在，相逢一笑泯恩仇"，表达了他对结束罪恶战争、中日永远和平相处的美好愿望。

鲁迅曾说，主子和奴才是不会成为真正的朋友的。先生希望的绝不是"中日亲

善"式的不平等和平。逝世前两天，和日本朋友的谈话，他还意味深长地说，"我认为，有强者和弱者同时存在，这就不容易和睦相处，是要打仗的。只要弱者不变为强者，打仗也是不会停止的。也就是说，中国的军备不能与日本匹敌，中日关系是不会协调的。如果力量相等，打起仗来，难免受伤，没好处。结果只好亲善了。""比如，一个懦弱的孩子和一个强横的孩子二人在一起，一定会吵起来，然而要是懦弱的

内山完造

孩子也长大强壮起来，则就不会吵闹，反而会很友好地玩着。我是这样想的……"

这就是鲁迅，一位可亲可敬的人。他在黑夜中，向着光明里的我们，微笑。

（刘　晴）

带你走进博物馆

无情未必真豪杰

在一般人心目中，鲁迅是个"横眉冷对千夫指"的冷面战士。却很少有人知道，先生对亲人、朋友的真情挚爱、细腻绵长甚至委曲求全。在家庭生活中，鲁迅先生和普通人一样，都希望万事如意，和睦美满，但人生不如意十有八九，他在生活中收获了幸福和甜蜜，也遭遇了心酸和无奈。就让我们沿着鲁

迅的身世和情感，去探询先生那鲜为人知的另一面吧。

小康之家　堕入困顿

为受苦受难的人民大众奔走呼喊的鲁迅先生，并非出自贫苦家庭。绍兴周家是世代相传的书香门第，祖上也曾相当鼎盛。到鲁迅出生时，还有水田几十亩，生活无忧。他的童年生活十分幸福，因为是长房长孙，便格外受到重视，父母也视为掌上明珠，祖父母更是疼爱有加。

鲁迅的祖父周介孚虽然是中过进士、点过翰林的传统文人，但教育孩子并不守旧，鼓励他们看一些杂书，像小说、野史等等，这在当时是颇为"超

四世同堂画

鲁迅的爷爷和奶奶

友"、读书识字、俭朴持家等教诲，他都铭记在心，一生执行。

鲁迅的父亲周伯宜是个秀才，考举人屡试不中，执着功名的心理压力使得他抑郁寡欢，三十多岁便因病去世了。再加上此前祖父因科考舞弊被关押，周家便一下子从"小康人家而坠入困顿"。生活的巨大转变使年幼的鲁迅感到了世态炎凉，稚嫩的心灵也开始逐渐变得成熟。

带你走进博物馆

前"的，也使得鲁迅从小就能有一个宽松的环境和开阔的眼界。鲁迅受祖父的影响很大，"力戒昏惰"、"力戒损

带你走进博物馆

慈母孝子　　其乐融融

鲁迅的母亲鲁瑞是位坚毅刚强的女性，面对家境的改变和生活的磨难，她独自支撑起整个家庭，把鲁迅三兄弟抚养成人。可贵的是，鲁瑞虽没上过学，却通过自学能够认字读书，而且看书很快，鲁迅要常常为她买书、借书。

为表达对母亲的敬爱，先生便用母亲的姓，取了"鲁迅"这个笔名。在家庭生活中，鲁迅是个标准的孝子，对母亲嘘寒问暖，无微不至。将母亲接到北京同住后，他把最好的东北屋给母亲住；每次出门前，都要先进房对母亲说声"阿娘我出去了"，回来时也先到母亲房里问安；买回的点心总要先让母亲挑选。定居上海后，鲁迅得知母亲生病，先后两次赶回北京看望，亲自请医生取药，直到母亲病愈才回上海。

作为母亲，鲁老太太十分了解鲁迅的性情和人格。得知鲁迅受到多方攻击，被人误解、亵渎，她对别人说："他从小就不欺侮弱小，不畏强暴；他写文章与人争论，话不饶人，但对朋友，心地却很厚道，很善良的。"鲁迅病逝后，她看到各界人士对自己的儿子沉痛哀悼，欣慰地说："还好，这样子，老大死得也不太冤枉了。"

母亲鲁瑞

无爱婚姻　　相敬如宾

　　鲁迅对母亲十分孝顺，对于母亲的决定不敢违背，这给他带来一段没有爱情的婚姻。

　　1906年，正在日本留学的鲁迅接到"母病速归"的电报赶了回来，没想到母亲并没生病，而是要安排他与一位叫朱安的旧式妇女成婚。为了不惹母亲伤心，他默默接受了这种安排。他曾说过："这是母亲送给我的一件礼物，我只能好好的供养她，爱情是我所不知道的。"

　　朱安比他大三岁，是一个身材矮小、缠着小脚、目不识丁且沉默寡言的传统女性。她很懂规矩，性情也好，深得鲁老太太的喜爱。思想、学识、性格等方面的巨大差异使鲁迅和朱安没有共同语言，更无爱情可言，婚后四天鲁迅就匆匆返回日本。回国后，他对朱安一直以礼相待，对她的娘家也经常资助，就是没有感情交流。搬到北京后，表面上夫妻团聚了，但两人各居一室，琴瑟异趣，两人几乎无话可说。对于鲁迅的淡漠，朱安也曾作出种种努力，但往往适得其反。唯一的生活乐趣就是

朱安

带你走进博物馆

带你走进博物馆

忙完了一天的家务之后，坐在鲁老太太身边咕噜咕噜地抽上几口水烟。

在毫无希望的爱情中，朱安仍然不愿放弃，她说："我好比一只蜗牛，从墙底一点点往上爬，爬得虽慢，总有一天会爬到墙顶的。"面对这样一位妻子，鲁迅也深感痛苦，但他认为包办婚姻中，女方并没过错，只是陋习的牺牲品，自己只能牺牲情感，在道德上维系作丈夫的责任。鲁迅平时非常尊重朱安的人格，家里的经济大权一直归她掌管。朱安生病，他亲自送去医院治疗；平时捎回的点心，母亲挑选后总要送给朱安。就这样，鲁迅和朱安保持了长达20多年的风平浪静的无爱婚姻。

1926年鲁迅南下后，朱安一直在北京陪伴着鲁老太太。老太太去世后，她独自看守着鲁迅在北京的遗物。当时物价飞涨，通讯不便，生活非常拮据，但她宁愿吃苦，也拒绝变卖鲁迅的遗作。她曾含着眼泪对别人说："我生是周家人，死是周家鬼。"1947年6月29日，朱安孤寂地走完了一生，她和鲁老太太一起，葬在北京西郊的一片柏树林里。

携手真爱　慈父怜子

正当鲁迅在无爱的婚姻中做"一世的牺牲"的时候，一个年轻、热情的知识女性闯入了他的生活。她就是许广平，广东番禺人，北京女子高等师范学校国文系学生。1923年起，鲁迅到许广平所在的学校任教。他宏博的知识、幽默的语言，深深吸引了这位身材高大、剪着短发的大眼睛姑娘。每当鲁迅提问，她常抢先回答；

听得高兴时，还偷偷地在笔记本上画鲁迅的速写。

　　时光荏苒，1924年秋天，女师大风潮爆发。鲁迅站在进步学生一边，给予她们有力的支持。许广平作为学生会总干事，心中有疑惑需要对人倾诉时，她想到了鲁迅。1925年3月11日，她以"谨受教的一个小学生"的名义，给先生写了第一封信，请他指教。鲁迅对许广平也有深刻的印象，当即复函。通信往来，从此开始，女师大风潮这条红丝线，系紧了两颗渴望幸福的心。

　　经过一个多月的频繁通信，许广平大胆地迈出了爱情的第一步。1925年4月25日，她第一次来到鲁迅住处，仔细观察了这个"秘密窝"，发现先生和师母"徒具形式，而实同离异"，唤起了她深深的同情，叩动了蕴藏在心底的爱。之后，许广平成为"老虎尾巴"的常客。

许广平

带你走进博物馆

1925年10月，在"老虎尾巴"里，两人的手紧紧地握在了一起……许广平终于点燃了鲁迅心中的爱！她按耐不

两地书手迹

住心中的喜悦，写下了《风子是我的爱》，把鲁迅比作风神，骄傲地宣布：

它——风子——承认我战胜了！甘做我的俘虏了！即使风子有它自己的伟大，有它自己的地位，菰小的我既然蒙它殷殷握手，不自量力也罢！同类也罢！合法也罢！不合法也罢！这都与我们不相干，总之，风子是我的爱……

1927年10月，鲁迅终于在"我可以爱"的呐喊声中，与许广平在上海结合。为了更好地照顾鲁迅，许广平放弃了工作，承担起大量的生活琐事。她还经常替鲁迅抄稿，查找资料；一旦有新的著作出版，她就帮助校对……对于许广平的真诚而又热烈的爱，鲁迅十分感激，在赠给她的《芥子园画谱》扉页上，曾以诗抒怀：

带你走进博物馆

带你走进博物馆

芥子園畫譜三集

此上海有正書局翻造本共廣告謂曾究木刻十餘
年始彫至壹遭則兼用木版石版波羅版又人工
著色乃日本成法以嘉木刻也廣告誇耶然原刻
難得翻车无無勝于此南園致一郭以贈
廣平有詩為證

十年攜手共艱危以沫相濡亦子哀聊借画
圓怡劵眼此中甘苦兩心知

戊年冬十二月九日之夜 魯迅記

《芥子园画谱》扉页题言

十年携手共艰危，以沫相濡亦可哀。聊借画图怡倦眼，此中甘苦两心知。

1929年9月27日，他们的儿子在上海出生。"因为是在上海出生的，是个婴儿，就叫他海婴。"鲁迅对海婴十分疼爱，有朋友到家里来，他总抱孩子给他们看。海婴周岁时，他还抱着海婴照相，题字曰："海婴与鲁迅，一岁与五十。"还做诗一首《答客诮》：

无情未必真豪杰，怜子如何不丈夫。知否兴风狂啸者，回眸时看小於菟。

诗的字里行间流露出一个父亲对儿子的挚爱。

一岁与五十

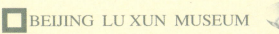

兄弟阋墙　　家庭破裂

鲁迅周岁时，庙里和尚曾给他取法名为"长庚"。而后来，二弟周作人自号"启明"。鲁老太太知道后，很是担心，说这兄弟俩，起这俩名字，能处到一块吗？原来，启明、长庚都是金星的别名，凌晨出现在东方叫启明星，傍晚出现在西方叫长庚星，这是一种自然现象。后人常用"东有启明，西有长庚"比喻兄弟失和。

在鲁迅出生四年后，弟弟周作人呱呱落地。此后近四十年的岁月里，兄弟俩的感情一直很好。他们一同读书、出国求学，互相关爱，互相帮助。新文化运动时期，他们都发表了大量文章，一同参与《新青年》的编务工作，一起支持文学社团的活动，一起提倡新道德，反对旧道德。他们在文坛和讲坛上都引起了广泛的关注，世人看到了一对文坛巨星冉冉升起。

鲁迅对手足之情极为珍视，为了实践"永不分家"的诺言，兄弟三个携老母一同住进八道湾宅院，过起了其乐融融的大家庭生活。鲁迅是长

八道湾照片

带你走进博物馆

带你走进博物馆

兄，担负着全家生活的大部分费用，把薪水交给当家的——周作人的妻子羽太信子。但是羽太信子保持着日本人的生活方式，日用品都得是日本货，"连周作人的在内，每月约有六百元，然而大小病都要请日本医生来，过日子又不节约，所以总是不够用，要向朋友借。"更为难的是，她还时常在周作人耳边说些中伤的话。周作人对信子百依百顺，兄弟之间便日渐不快。

1923年7月，风波骤起，周作人把一封绝情信送到鲁迅的房间。鲁迅知道兄弟失和已无可挽回，便搬了出去，大家庭生活就此结束。

失去了长兄的引导与扶持，再加上随和、软弱的性格，呐喊过、战斗过的周作人慢慢消沉下去了，成了苦雨斋中的隐士。抗战时期，做不成隐士的他最终给日寇当了汉奸，成为无法抹去的悲剧。

提携幼弟　　煞费苦心

周建人是鲁迅的三弟，小鲁迅7岁。和周作人不同，他一直对大哥十分敬重，保持着十分密切的关系，而且最终成为了著名的生物学家和社会活动家。

周建人从小感受哥哥们刻苦的学习精神，也养成了良好的自学习惯。为了陪伴日已年迈的寡母，让两个哥哥安心在外读书，他放弃了外出

周建人

就读的机会在家自学，还对两个哥哥说："你们放心去吧！家里的事你们不必操心了，有我呢！"

对于三弟的选择，鲁迅十分感动，他尽力地支持和帮助弟弟。在他的指引下，周建人开始自学植物学。鲁迅给他买了许多植物学书籍，还将自己用过的解剖显微镜、收集的植物标本送给他，可谓煞费苦心。

1921年，在哥哥的介绍下，周建人到上海工作，随后兄弟团聚。鲁迅在斗争激烈的日子里，仍不忘扶持这个小弟弟，坚持给他购买书籍，一同翻译作品，为其作品写序。而弟弟也没有辜负他的期望，通过自学，撰写、翻译了《进化论与善种学》、《花鸟虫鱼》、《进化与退化》等一批生物学著作。

周建人不仅是一个生物学家，更是一个社会活动家。鲁迅逝世后，周建人以特殊的身份和有利的条件，倾注大量精力，投入到对鲁迅思想、生平、业绩等史料的搜集和整理工作中。几十年来，他发表出版了《回忆鲁迅》、《鲁迅故家的败落》等文章，为研究鲁迅提供了平实、详尽的材料。建立绍兴鲁迅纪念馆时，他不光亲自参与设计，连一把有关的小钳子和一个炮弹壳，都不忘托人从北京捎去。

想起大哥，他总是深情地说："大哥的话，永远铭记在我的心里。"

（张彦）

带你走进博物馆

与"死"相遇的绝唱

鲁迅曾取笑自己交着"华盖运"，是啊，你看他一生多么坎坷，早年丧父，家庭败落；婚姻不幸，兄弟失和，被通缉、遭暗杀威胁，被误解、受攻击，老年又更饱受胃病、肺结核、肋膜炎等多种疾病的困扰……但他却"时时想到中国，想到将来"，坚韧的反抗着生命所经受的一切痛苦。然而，无情的死亡之神还是向这位最坚强的战士一步步逼进了。

1936年3月始，繁重、紧张的工作外加中寒，使鲁迅的肺病迅速恶化，经常咳嗽、气喘、发烧。后来确诊，他患的是"肺结核与肋膜炎之并发症"。经过医治，病情有所好转，但他却不好好休养，总是支撑着骨瘦如柴的身子坚持写作。国内外的朋友们都为他的健康忧心，劝他休息或到国外疗养。宋庆龄更闻讯写信给他："周同志，我恳求你立刻住院医治！……你的生命，并不是你个人的，而是属于中国和中国革命的！！！为着中国和中国革命的前途，马上入医院医治……我希望你不会漠视爱你的朋友们的忧虑而拒绝我们的恳求！！！"他却用责问的口气回答说："当别人正在斗争，吃苦，死，而你们却要我在床上安安静静的躺上一年，对么？"

5月底，史沫特莱女士为他请来了上海唯一的欧洲肺病专家。这位专家听诊后说，像这样两个肺都有病，而且病得这么厉害的，如果是欧洲人，早在五年前就已经死掉了。并赞誉鲁迅是"最能抵抗疾病的典型的中

鲁迅晚年照

带你走进博物馆

带你走进博物馆

国人"。鲁迅自知医生"宣告了我的就要死亡",便有一种更为迫切的心情,"要赶快做",常说迟了恐怕要来不及了。于是,他在输液的同时,还创作杂文、校阅稿件,为别人作序等等,不肯有半点休息。

这段时间,鲁迅翻译了《死魂灵》第二部,为殷夫的诗集《孩儿塔》作序,写下了《写于深夜中》、《三月的租界》、《出关的"关"》等几篇很有分量的文章,编定了《花边文学》、《故事新编》、《且介亭杂文》等九本书,还参观了苏联木刻展会,编定了《苏联版画集》,设计了《珂勒惠支版画选集》的发行广告,并在1936年7月,自费用珂罗版印行。

8月,由于肋膜炎作怪,鲁迅的体重只剩下38.7公斤,病情日渐加重,夜间时常发烧,体力衰弱不堪,"无力谈话,无力看书",甚至"连报纸也拿不动",这才使他真正意识到死亡的临近,"想到过写遗嘱"。

1936年9月5日,在病逝前一个多月,他写了一篇杂文《死》。其中记下了他留给亲属的几条遗嘱:

一、不得因为丧事,收受任何人的一文钱。—— 但老朋友的,不在此例。

二、赶快收敛,埋掉,拉倒。

三、不要做任何关于纪念的事情。

四、忘记我,管自己生活。—— 倘不,那就是糊涂虫。

五、孩子长大,倘无才能,可寻点小事情过活,万不可去做空头文学家或美术家。

六、别人应许给你的事物,不可当真。

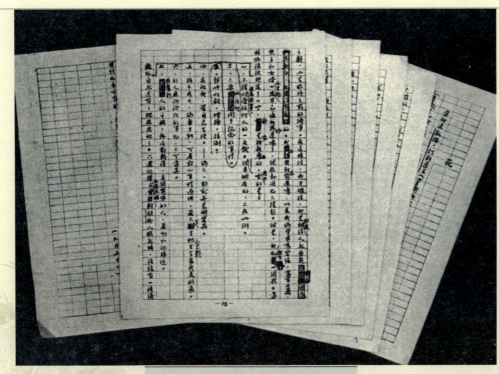

《死》的手稿

七、损着别人的牙眼，却反对报复，主张宽容的人，万勿和他接近。

此外，鲁迅还写到"欧洲人临死时，往往有一种仪式，是请别人宽恕，自己也宽恕了别人。我的怨敌可谓多矣，倘有新式的人问起我来，怎么回答呢？我想了一想，决定的是：让他们怨恨去，我也一个都不宽恕。"

写完遗嘱后，身体稍有好转，他仍

带你走进博物馆

是坚持写作，参加社会活动，直至生命的最后一息。他忍着发烧的折磨，校编了瞿秋白的《海上述林》，这是为他校定编印的最后一本书，了结了他对"知己"的一份纪念。

自兄弟失和之后，鲁迅曾多次受到周作人的诬蔑和损害，但他胸怀坦荡，对胞弟寄以殷切希望。当抗日救国运动兴起时，北京文化界也发表了宣言。鲁迅就特别关注周作人是否在上面签了名，甚至在临终前几天还担忧地对周建人说，关于救国宣言这一类事情，

连钱玄同、顾颉刚等都签了名，而找不到周作人的名字。他认为这等大是大非面前，切不可过于后退。这是他对周作人最后的关怀。

1936年10月8日，鲁迅感到"精神略佳"，前往"第二回全国木刻流动展览会"参观，与青年木刻家最后一

最后一张合影

鲁迅遗照

次座谈木刻创作，并与艺术家们合影留念，这距离逝世只有十一天的时间。

1936 年 10 月 17 日，他还独自前往内山书店——这个他几次避难、多次接待来访者和接收信件的联络处，这是他最后一次到该书店。

晚上，他与三弟周建人谈话至深夜，并将写有"周玉斋"的字条交给三弟，请他去刻图章，这是他的最后一个化名（周豫才的谐音）。后来，却成为其子海婴上学时的化名。

深夜，他又写下《因太炎先生而想起的二三事》的草稿，距离他逝世只有三天的时间。

10 月 18 日凌晨，在逝世前一天，他勉强起身，执笔断断续续给内山完造

带你走进博物馆

先生写了一张便条，为自己不能赴会表示歉意，这成为他的绝笔。

晚间，他的身体不时出冷汗、黏冷，当许广平给他擦拭时，鲁迅一次又一次地紧握她的手，一如初恋时他回握许广平的一样。面对"十年携手共艰危"的爱人，目光中流露出深深难舍的眷恋之情。

1936年10月19日凌晨5时25分，伟大的文学家、思想家、革命家鲁迅，在他上海大陆新村寓所九号与世长辞。

巨星陨落，全民哀伤。鲁迅逝世当天，由宋庆龄、蔡元培、沈钧儒等13人组成治丧委员会，毛泽东也列名其中，全国唁电、唁函如雪片般飞到上海。中

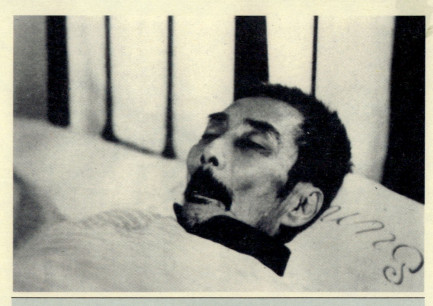

鲁迅遗照

共中央代表全国人民的意志，要求国民党政府给予鲁迅以国葬待遇，却被反动当局拒绝。

10月20日和21日，上海各阶层人士万余人自发前往万国殡仪馆瞻仰鲁迅遗容。先生安卧在鲜花丛中，像是在安睡。

10月22日，鲁迅生前友人、学生巴金、靳以、张天翼等30多人扶枢，7,000多人自愿组成了送葬队伍，在荷枪实弹的军警监视下，人们唱着《鲁迅先生挽歌》，呼喊着"鲁迅先生不死，中华民族万岁！"的口号，将先生送到墓地。在葬仪上，沉痛的哀乐声中，一面由上海民众敬献，沈钧儒题写的"民族魂"的长方形白色锦旗缓缓覆盖在鲁迅的灵枢上。

宋庆龄、蔡元培、沈钧儒在墓地发表了安葬演说。许广平题写了献词：

  鲁迅夫子：

  悲哀的氛围笼罩了一切，

"民族魂"

带你走进博物馆

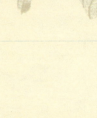

带你走进博物馆

　　我们对你的死，有什么话说！

　　你曾对我说：

　　"我好象一只牛，

　　吃的是草，

　　挤出的是牛奶，血。"

　　你"不晓得什么是休息，

　　什么是娱乐。"

　　工作，工作！

　　死的前一日还在执笔。

　　如今……

　　希望我们大众，

　　锲而不舍，跟着你的足迹！

　　"鲁迅先生之墓"由年仅7岁的海婴题写。

　　鲁迅一生热爱生命，为民族的生存苦苦奋斗挣扎，却无视个人的死。在死亡的威胁面前，他无畏无惧，积极投入、主动创造，显示出不屈的精神和征服苦难的悲壮伟力！

　　　　　　　　　　（张　彦）

"鲁迅先生之墓"

责任编辑： 许海意

美术编辑： 刘洛平

责任印制： 王少华

封面设计： 三木工作室

图书在版编目（CIP）数据

北京鲁迅博物馆／北京鲁迅博物馆编 .－北京：文物出版社，
2005.4
（带你走进博物馆丛书）
ISBN 7－5010－1725－5

Ⅰ.北... Ⅱ.北... Ⅲ.北京鲁迅博物馆－简介－青少年读物
Ⅳ.G269.261－49

中国版本图书馆 CIP 数据核字（2004）第 141827 号

北京鲁迅博物馆

北京鲁迅博物馆 编著

文物出版社出版发行
（北京五四大街29号）
http://www.wenwu.com
E-mail:web@wenwu.com
文物出版社印刷厂印刷
新华书店经销
880×1230 1/24 印张:4.5
2005年4月第一版　2005年4月第一次印刷
ISBN 7-5010-1725-5/G·108 定价:25元